U0505876

问道与表达

滕俊杰 著

上海人民出版社

中国 2010 年上海世博会开幕式即景（一）：洁净初心　清唱开场

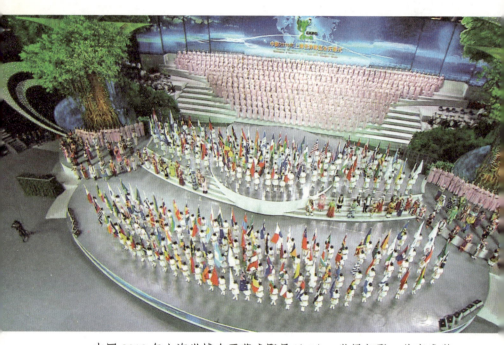

中国 2010 年上海世博会开幕式即景（二）：世界相聚　共襄盛举

中国 2010 年上海世博会开幕式即景（三）：变幻演绎　浪漫飘逸

中国 2010 年上海世博会开幕式即景（四）：一曲唱罢　世博情长

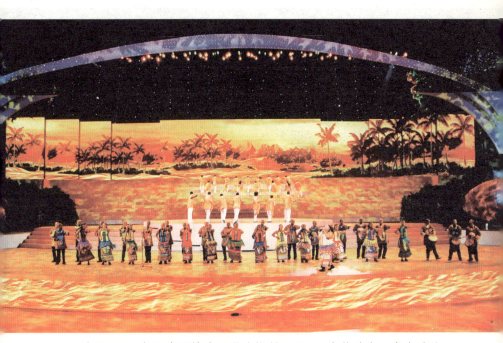

中国 2010 年上海世博会开幕式即景（五）：古朴时尚　意向旷达

中国 2010 年上海世博会开幕式即景（六）：人心互联　天地融合

中国 2010 年上海世博会闭幕式即景（一）：世博至尊　意韵长存

中国 2010 年上海世博会闭幕式即景（二）：磁悬编钟　世界首创

中国 2010 年上海世博会闭幕式即景（三）：多层"悬空" 立体追求

中国 2010 年上海世博会闭幕式即景（四）：志愿情怀　大放异彩

中国 2010 年上海世博会闭幕式即景（五）：告别时光　欢乐难舍

中国 2010 年上海世博会闭幕式即景（六）："V" 在上海　难忘中国

注："V"，英文单词"胜利"的第一个字母。

目录

倾情十年（自序）　1

序一　吴建中　1

序二　钱文忠　1

引言　1

问道·一　命题深耕　1

问道·二　格局谋略　11

问道·三　形态立体　16

表达·一　创意发力　23

表达·二　艺术魅力　46

表达·三　情感张力　63

表达·四　科技神力　78

表达·五　环保助力　91

表达·六　预案倾力　97

后记　111

倾情十年

（自序）

有道是：十年磨一剑。

曾被美国《时代》杂志评为"全球最有影响力100人"之一的美国作家马尔科姆·格拉德威尔在大量对比、研究了世界上诸多成功的案例后，也得出了一个结论：一个人，只要对一件事连续倾情投入一万个小时，就一定成功、一定卓越！他说："一万小时，相当于每天花上三个小时，或者，一周花上二十个小时，总共持续时间大概十年。对于成功者来说，任何行业都不例外。"

掐指算来，我和团队，从参与起步阶段的中国2010年上海世博会申办开始，到获得主办权后的筹办以及最终成功举办世博会，前后跨度时间，恰好整整十年。

这十年，风风雨雨、跌宕起伏；

　　这十年，喜事、难事、大事不断；

　　这十年，涵盖了我和团队倾情投入世博会申办、筹办，一直到担纲开闭幕式的全过程。

　　就我本人而言，真正对世博会的关注，始于 2000 年。

　　那年暖春时节，我刚刚从上海卫视调到上海电视台，担任副台长兼文艺中心主任。初来乍到，时任台长朱咏雷在给我介绍工作时，就谈到了刚刚开始起步的中国 2010 年上海世博会的申办情况，要求一起关注、全力参与，并表示将会全方位支持。而我签署的第一批相关外事文件中，就有派遣自己所管辖的文艺中心导演随市政府代表团出席国际展览局大会的公函。

　　随之而来的注视，伴随着整个中国 2010 年上海世博会的正式申办、筹办及举办的隆隆脚步声而加剧、加速。期间，我领衔上海电视台团队不间断地主导、创制了大量申办、筹办世博会的专题节目和各类重大晚会，譬如：

　　2001 年 5 月，"上海大剧院·东方明珠电视塔——巴黎香榭丽舍大剧院·埃菲尔铁塔卫星双向传送经典盛演"，由法国国家电视一台、法国国家广播电台向全欧洲现场直播，这场盛典被誉为上海申办世博会第一场海外大型演出；

　　2002 年 3 月，欢迎国际展览局考察团访问上海专场文艺晚会；

　　2002 年 7 月，赴法国巴黎创制申办上海世博会大型系列演出《今夜星光灿烂》；

　　2002 年 9 月，赴德国汉堡创作申办上海世博会大型专场晚会

《蓝色畅想》，由德国电视二台播出，覆盖全欧洲；

2002 年 12 月 3 日，中国 2010 年上海世博会申办成功，全球五大区域卫星联动三个半小时大直播《我们成功了》，由中央电视台、上海东方卫视、凤凰卫视以及海内外多家电视台向全世界直播或录播；

2003 年 12 月，庆祝中国 2010 年上海世博会申办成功一周年大型晚会；

2004 年 11 月，中国 2010 年上海世博会会徽揭晓大型晚会；

2005 年 8 月，日本爱知世博会《魅力东方、相聚上海——2010 年上海世博会欢迎你》大型演出，向全日本播出；

2006 年 2 月，奥地利维也纳"金色大厅"迎上海世博会专场演出，由奥地利、匈牙利、南非等相关电视台播出；

2007 年 10 月，上海世博会会歌评选晚会；

2007 年 12 月，吉祥中国——中国 2010 年上海世博会吉祥物揭晓晚会；

2008 年 9 月，西班牙萨拉戈萨单项世博会"上海周"大型晚会，由西班牙相关电视台专题播出；

2009—2010 年，"迎世博"上海-温哥华；上海-大阪；上海-香港卫星双向传送大型系列晚会，加拿大、日本及香港地区电视台全程直播或录播；

2010 年 3 月 30 日，迎接中国 2010 年上海世博会倒计时 30 天《拥抱世界》外滩大型晚会；

当然，最重要的，是我和我的团队最终成功执导了中国 2010 年上海世博会的开幕式和闭幕式。

（期间，我和团队在海内外制作的、成倍于此的大量申办与筹办上海世博会的中、小型规模晚会和专题节目不在此列。）

以上所列，是我和团队为上海世博会志在必得、志在必胜交出的一份"出师表"，也是倾心付出、赢得成功的一份成绩"报表"，其中，稍作留意就会发现，所有在海外、境外制作的大型晚会，都实现了在当地主流电视台进行直播或录播的目标，创下了一个"走出去"工程的全新纪录。

我和团队是艰难的：每一次都扛着"只能成功，不能失败"的巨大压力；

我和团队又是幸运的：我们生逢其时，一路追风、一路追问，在方方面面的信任和支持下，与中国 2010 年上海世博会一路相伴，风雨十载，成功亮剑。放眼望去，可以自信地说：漫漫十年艰辛路，如此规模、如此系统地导演并成功转播这么多与上海世博会息息相关的大型文化项目的团队是绝无仅有的。

十年，时间其实不短。只是十年来，与上海世博会有关的大大小小工作无数，常常是一个项目刚刚忙完，下一个项目已接踵而至，因此，时间感觉像飞一般。

凭心而论，对于上海世博会，起先我并没有想到一朝参与，便会整整十年；也没有想到十年中会经历那么多重大事件；更没想到会一路奔跑，最终奔向规模盛大的世博会的开闭幕式。细细回味，一切的"没想到"，都在中国的十年巨变、上海的十年发展中变成了可能；一切的"没想到"，都在"坚韧挺住、智慧搏杀"中变成了可能，其中的磨砺、跌宕和变数难以预料和言表，而人的职业生涯，又有几个十年呢？

回忆是令人感慨的。当 2008 年 8 月底接到上海世博会开闭幕式导演团队全球招标的正式通知时，我的内心是冲动的。同时。我也知道，迅疾前来报名、参与竞标的十几个中外导演团队的实力都很强，其中有我熟识的好朋友；有见过一次面的同行；还有仅仅耳闻、从未谋面的欧美、澳洲和日本的团队。虽然他们来自天南地北，但是，都具备一个共同的特点：有制作超大型节目的成功经验。

不过，我也很自信自己和上海电视台团队的实力。除了也成功创作过一系列赢得口碑的大型、超大型国家和国际性项目，形成了一定的海内外影响力之外，我和团队对中国 2010 年上海世博会有更深、更真切的情感，有更纯粹、更趋同的价值观和认知度：

① 对中国 2010 年上海世博会 184 天的展期而言，成功的开幕式和闭幕式是吸引全世界眼球的两大焦点。

② 对世界博览业而言，富有魅力的开幕式和闭幕式是对其影响力和知名度全新提升的两个重点。

③ 对中国本身而言，将"三精"（即：精彩、精准、精致）的世博会开闭幕直播给世界，是两个全方位展示"和平崛起"的绝好亮点。

同时，上海电视台也以强大的阵势全力支持竞标，时任台长黎瑞刚在已经非常繁忙的情况下，还主动分担了我的许多日常工作，让我集中精力率队应标。这一切，对世博会开闭幕式的项目竞标以及后来的创意开发和制作成功都是十分珍贵的。

接下来的半个月，便是详尽阅读、消化招标书的各项条款，迅速组建竞标小组。我竭力调动对世博会的所有感悟，重点深化、细化理念认知，竭力谋划区别于以往的创意路径和突破点。随后，我闭门谢客，带着撰稿人出身的戴钟伟导演"躲"到苏州老家，在没有纷杂干扰的环境下，奋战两天，拿出了第一份厚厚的策划稿。虽然精神上承受了难以名状的耗累，但我坚信：只要撒出执着的"网"，就一定会有收获。

循着还带有墨香的创意文稿思路，我俩旋即返回上海，与刚刚开始聚集的团队一起又马不停蹄地接着鏖战，迎着难点突击，精心设计实现创意各个环节的表现方式。有时一连数日开会，在我的思绪发生了"短路"，或连续"卡壳"绕不出怪圈，内心无比挣扎时，就用冰凉的自来水冲冲脑袋；或者遥拜先贤李白、杜甫"浪迹于天涯，访谈于民间"那般，到郊外去转转，到田野中走走，或把无数的脚印留在了潮涨潮落的浦江两岸，留在了江南造船厂、沪东造船厂、复旦大学、上海交通大学、701研究所等地方。我用这样的方式换换脑子，以求填补玄思冥想的空无，期待新的灵感、新的触类旁通的"顿悟"*出现。历经半个多月的努力，我们第一时间递交了

---

* 注："顿悟"，是人大脑的一种独特现象。它是人高度集中、专心致志、长期思考达到饱和状态时，突然迸出的灵光闪现。

导演组正在黄浦江边研究开幕式方案

平面结合三维动画的全套策划竞标文本。终于，经过海内外十几个专业团队三轮公平、公开、公正的竞争，我们上海电视台团队脱颖而出，于2008年秋胜利夺标。

竞标胜出后，我奉上海世博会组委会之命，带着导演团队每人签署了一份正规的国家保密协议，随即，迅速集中在上海电视台对面的一个小宾馆，开始了封闭式、连轴转的筹备工作。

两周后，有关部门认定这个小宾馆地处闹市中心，工作环境保密性不够，决定让我带着团队悄悄转移到上海南郊的浦江镇。虽然路途骤远，往来十分不便，但我们毫无怨言，创意细化的推进工作很顺畅，内心也觉得像要奔赴火星一般地更神圣了起来。

未料，到了2008年底，风云突变，世界金融危机爆发，且愈演愈烈，大有探不到底之势。受其严重影响，国内的经济也被明显波及，刚刚拉开架势的上海世博会开幕式筹备工作受到震荡影响。不几日，我便接到上级的紧急指令：世博会开幕式筹备工作全面停止。由此，原先我们理念领先、已经成熟的国际竞标胜出方案，即以黄浦江水面为主舞台的"生命岛"概念，包括"水上智慧城"、"浦江浮桥人奔跑"、"卢浦大桥世博眼"、"与太空宇航员天地对话"、"一船一旗各国竞帆"、"水幕烟火耀浦江"等等创意及已经开始的制作，此时，也只能在向外界作了说明后，正式搁置、放弃。导演团队的情绪一下子冷却，队伍也就地解散了。

当大家握手告别时，面对人去楼空的景象，我这个"领军人物"的内心充满着惆怅和折磨感——项目停止了，队伍解散了，原先人来人往、充满"战斗"气氛的大小会议室里，空荡荡只剩下了我一个人。但我的内心却有个声音挥之不去：开幕式停止了，队伍解散了，但世博会依然还在上海，世博会依然还在一天天逼近眼前，我不能停，我不能彻底放弃它，也不能眼睁睁地错过它。我必须在等待中继续准备，即使再忙也要做，即使是"无用功"也要做。我要在内心不间断地积蓄能量，去圆自己内心的夙愿，更为了面对未来可能突然降临的任何转机，从而避免自己的"措手不及"，继续超越竞争对手。

时间飞逝，转眼到了2009年11月，我国经济日益好转，欧美一些主要国家也渐渐开始走出金融危机。审时度势，上海世博会开闭幕式规划重新启动。但是，因为空间和时间等条件要素一年来都发生了重大变化，因此，组委会决定再一次向海内外进行新一轮的招标。

接到消息后，犹如弹簧触底又"原地弹起"的我，庆幸自己当初的不离不弃。我用最快的速度把一直保持着密切联系的大部分主创人员"旋风式"地聚集了起来，上海电视台大型活动部的王磊总监、徐仁保书记急前方之所急，派出了多位骨干导演，迅速赶来报到。其他多个参与竞标的中外团队也由此而再次云集上海。

由于一年来"生命岛"的原创方案中部分内容已被其他项目借鉴、无法再用了。同时获悉，世博会开闭幕式的主场地也明确易址，转入正在建造中的世博文化中心。因此，再一次的竞标迫使我们迅速调动所有对上海世博会的感性和理性认识，在所剩无几的时间里，依据新的场地要求和条件，"旱地拔葱"般重起炉灶，另出方案。于是，我带领以上海电视台人员为主的团队又一连多个通宵，投入到全新方案的创意和PPT制作中。那阵子，我甚至忘记了生命中还有其他内容，一切仿佛都只为新一轮竞标的成功而存在着。

功夫不负有心人，我们在新一轮竞标中再一次胜出。2009年12月5日，我被正式任命为本届世博会开幕式总导演，杨雄市长（时任上海市常务副市长、世博会执行副主任）正式给我颁发了总导演证书，并用非常坚定的话语嘱咐我担起这份国家的重托。（一段时间后，我又被任命为世博会闭幕式的总导演。）当许多领导和同行为此纷纷前来祝贺时，我说这是我们的幸运。但我深知，所谓幸运，其实就是突如其来的机会碰上了没有放弃的执着努力。这个总导演的称谓绝不是光鲜的荣誉，而是一份责任——天大的责任，是一次挑战——全方位的挑战。当然，更重要的还是一份信任——上海的信任，国家的信任！未来的任务，一定不是对过去的重复。从现在开始，自己以往的成绩必须归零，我必须站在更高的起点上，"乘势"而为——乘中国全新发展之势、乘世博会浩荡之势，将"原我、本我"向"新我、超我"进行一次全方位的精神突围，行神如风、行气如虹地去完成这次充满艰辛的世博大考，赢得成功。

记得授证之后，有几位记者向我提出了同一个问题：作为刚刚中标的世博会开幕式总导演，现在你觉得最大的困难是什么？

我说：缺时间。

通常，按艺术创作的规律，一个面向世界，代表国家文化与外交最高水准，有相当规模、相当形态和质量要求的超大型项目，必须确保两年左右筹备、创意和执行制作的时间。纵观这些年，类似等量级的国家项目均是如此，而一些低一级别的项目也基本如此。对此，我们期盼过、奢望过。但是，事实无情地告诉我们：没有可能！——眼下，作为国家最高标准、最高级别的世博会开幕式的准备时间，最终全部加起来只有两年时间的五分之一。

我们重新出发，没有什么惊怕，没有什么犹豫，唯一觉得犯难

的，就是算来算去时间实在不够：全面转型的新方案还不可能完全
拈于指尖、控于股掌，需要反复斟酌、细化，这一切，需要大量的
时间；诸多已经悟到、想到的节目创意点的真正完美实施，包括一
些国内外独一无二的科技表现手段，从研发到制作、调试，乃至抗
疲劳试验等都需要一定的时间；一些营造现场梦幻效果的复杂数码
编程以及必须的预案设置，也都需要大量的时间。

　　时间实在不够，还突出表现在组委会重新确定的开闭幕式主会
场——设计容纳 18000 名观众的世博文化中心的建设工程进度上。

　　原先，作为计划外项目，坐落于黄浦江东岸的世博文化中心按
照规定要求，只需建好完整的外立面，成为世博会一道美丽的景观
即可。现在，这里已明确为开闭幕式的主会场，必须提前五个月全
方位保质保量、按最高标准交付使用。这给建设单位带来了很大的
挑战，因为，即使从接到正式通知这一刻起，天天大规模加班加点
施工，主会场也只能赶在中央领导第一次审查前三天才能竣工交
付。而两千多名演员的走位、排练，巨型且复杂精密舞台的制作、
灯光、音响、科技装置、多媒体视频的精细化布局、安装、调试等
等一切，都需要大量的时间——以至于后来为了赢得时间，现场出
现了创作人员和演员戴着安全帽和口罩对光、唱歌、跳舞、走台排
练的情景——时间真缺啊。

　　事实上，在后来争分夺秒的整个过程中，越是缺时间，需要花
费时间的事儿越层出不穷。在节目排练中，作为总导演，我时常会
一次次被现场的安保任务所缠绕，时不时要面对一次次特殊的"会

导演组在现场研究方案

节目在争分夺秒地排练中

议"，时不时要面对一份份"深度报告"。每当这些通知一到，我必须立即停止眼下的工作，花上足够的时间去迅速排查。还时常要与编舞的导演们一起去迅速调整舞台上的队形、动作和阵容，为的是不留下任何隐患和"死角"一直到 4 月 30 日开幕式前三小时，还有类似突如其来的事件发生，真是耗费了我们本来就远远不够的时间。

　　这一切都在为难着我和团队，这一切都直接挑战着我们的神经，它构成了一道道艰难的沟坎，有的甚至"深不可测"。

　　但是，我们没有退缩，没有趴下，自始至终斗志昂扬，咬定青山不放松。往深处想，真正的导演不就是"能够驾驭、能够应对和提升世界需求的人"吗？我们把"祖国利益高于一切、世博利益高于一切"这两段座右铭贴在会议室的墙上。我们一起共勉：坚持就是坚强，艰难就是磨难，任何不可轻易复制的成功，都是在特殊的磨难中煎熬出来的。因此，再烦，也不垂头丧气；再难，也不放弃坚持。我在向组委会作方案推进汇报时，曾庄重地承诺：世博会开闭幕式内容力争精彩、难忘；同时，一定确保全过程"零差错"。有人急着提醒说：你没有必要把话说绝，不要把自己逼到悬崖边，万一出了事怎么收拾残局？我说：没有时间"双推磨"了，在国家最高任务面前，没有"万一"一说，我决不给失败找理由，必须立下这个军令状，挂图作战，倒逼自己，不留任何后路……

　　著名作家爱默生说过："人一旦有追求，世界亦会让路。"的确，天道酬勤，我们敢做、善做，在世博会组委会和世博局的直接领导下，最终成功实现了世博会开闭幕式的理想。这一项目除了赢得中外贵宾、观众和媒体的广泛赞誉外，在一年多时间里还接连获得了一系列重要大奖，囊括了包括"星光奖"、"金鹰奖"、"五个一工程奖"等在内的所有国家级重要奖项，还在香港获得了有着亚洲"艾美奖"之称的2011年"亚洲彩虹奖"，我个人还在全国观众和专家投票评选的中国电视"金鹰奖"中，超越央视"春晚"导演，获得了两年一度的唯一"最佳导演奖"。我真诚地感到，这个奖，属于上海世博会，也同样属于我们的团队和方方面面给予支持的部门及朋友们，是我们一起殚精竭虑，既宏观视野、又"春秋笔墨"，实现了具有生命意义的"东方梦圆"！

成功后的致谢

序一

吴建中

随着意大利 2015 米兰世博会的临近，世人再次把目光聚焦到了这一全球人类文明的盛会。曾经创下多项纪录的上海世博会虽然已经过去五年了，但其激动人心的场景至今还历历在目。上海世博会之所以办得成功、精彩、难忘，不仅要归功于各国及国际组织的广泛参与和举国上下的大力支持，更要归功于那些在后台为上海世博会默默无闻做出奉献的人们，其中就包括了本书的作者、中国 2010 年上海世博会开闭幕式的总导演滕俊杰先生。

我认为，滕导以其精湛的影视技艺和独特的导演艺术，向我们展示了他那丰满细腻的世博情怀，为我们展现了精彩绝伦的世博风采和追求进步的世博精神。

我与滕导接触的时间不长。记得在上海世博会开幕前几个月，滕导来到上海图书馆，他问我从世博会主题的角度出发，开幕式应该有哪些不可缺少的要素，我跟他讲了一大堆世博会的理念和主题之类的东西。他问我，用五行（金木水火土）或者五音（宫商角徵羽）可否作一归类？我觉得他在思考选择一些既能反映全球趋势、又能代表中国元素的东西。我建议他看一下国际展览局会刊《进步》上刊载的一篇以《绿色经济与蓝色经济相遇》为题的文章以及国际展览局秘书长洛塞泰斯先生的编者按。洛塞泰斯先生说："上海世博会将进一步增强世博会作为全球平台的作用，通过共享城市最佳实践来达成绿色经济和蓝色经济的目标。"所以，我建议他除了关注工业革命早期的冶炼之外，更多地关注两种颜色，一是绿色，一是蓝色。我跟他讲的都是难以操作的理论性的东西，但在开幕式文艺演出时我注意到，在舞台的两边有象征森林和海洋的元素，尤其是当演出进入高潮时，舞台中央出现了五片由巨型"贝壳"演变成的"花瓣"，在多媒体数码光影艺术的渲染下幻化组合成翠绿色和蔚蓝色的地球时，此刻台下响起了长时间的热烈掌声。这就是开幕式最精彩的地方之一，这也是滕导把握世博会精神基础上的独特创意。

我很佩服滕导，我一直把他看做是影视界的思想者。上海世博会的精彩绝伦，不只是体现在展馆、技术和娱乐上，更重要的是反映在这些展示形态的背后，这方面正是滕导的长处。他知道，世博会的观众来自世界各地，必须既有中国特色，又要体现世界语言。上海世博会开闭幕式演出与其他国内举办的大型活动都不同，显得简约而大气磅礴。滕导善于用艺术方式引领人们在欣赏节目的同时去思考地球发生了什么、人类期待着什么。例如闭幕式上，他用互动的形式，让参展者和参与者很自然地变成了表演者，因为他知道，这些来自世界各国各地区的参展者和参与者才是世博会真正的主角，必须要让他们走到前台，让这些创造以及参与创造奇迹的人到舞台上亮相。闭幕演出真正的高潮就在于此，整个会场沸腾了，滕导用这一互动的创意，向我们展现了上海世博会的风采。

滕导知道，艺术只是一种手段，艺术家要追求的是用艺术将人们心中的情感充分地激发出来，形成推动社会进步和发展的能量。上海世博会结束后，这些国外的参展者与参与者将带着对和平的渴望和对未来的追求回到自己的家乡。因此滕导要做的，就是让人们在欢快轻松的气氛中深深感受本届世博会的主题：更美的城市、更好的生活、更深的情谊。并让这一世博精神传播到全球的每一个角落。

本书是滕导的中国 2010 年上海世博会开闭幕式的创作笔记，记录的是滕导的点滴心得，文字平易近人，通俗易懂，可读性强。滕导善于用小词汇演绎大道理，这一点从他导演的节目中就能看得出来。随着时间的推移，上海世博会已经渐渐地被人淡忘了。但我希望并相信，本书不仅能再次唤起人们对上海世博会的美好记忆，而且能从滕导的世博会开闭幕式创作笔记中深刻领悟艺术真谛和人生哲理。

2015 年 1 月 10 日于上海

（作者为著名学者，上海图书馆馆长，中国 2010 年上海世博会主题演绎顾问）

序二

钱文忠

　　我相信，无论当今时代的飞速前行会如何搅散人们的记忆，中国 2010 年上海世博会精彩绝伦的开闭幕式终将印刻在观众的脑海里，无法抹去。

　　众所周知，世博会享有"地球之最"人类盛会的美誉；近现代史上不胜枚举的文明成果，比如电灯、电话、电影、电视、自行车、汽车、火车、飞机、航天器等等，都是通过世博会的平台推出，从而深刻地影响乃至改变了我们的生活。如果说"天下创造，云集世博"是切实的描述，那么，"一切源于世博"就是人类的愿景与信念了。

　　近百年来，国人一直为世博会魂牵梦萦，是新中国之梦、现代化之梦、强国之梦的一部分。2010 年正是圆梦之年，2010 年的上海正是圆梦之地。

2010 年上海世博会以历史性的突破，宣告了历史性的成功。我们不能忘记，这是许许多多"世博人"的天才与汗水的结晶。也许，对于观众、游客而言，2010 年上海世博会早就随着 2010 年过去了；但是，对于那些"世博人"来说，2010 年上海世博会已然成为生命的一部分。

本书的作者滕俊杰先生正是"世博人"当之无愧的代表之一。作为当代杰出的视听艺术家，他从 2000 年起就全身心地投入，又参与层层竞标，最终胜出担任 2010 年上海世博会开闭幕式总导演。他匠心独运，呕心沥血，在理念—技术—艺术、沉淀—思想—表达、创新—创造—创建的三纲三维的美妙空间中，驰骋纵横，造就了一部视听经典。

对于以"展示 / 表达"为基因的人类盛会世博会而言，开闭幕式的地位和作用是不须辞费的。滕俊杰先生担负的就是"开幕式成功，世博会一半成功；闭幕式成功，世博会才算全部成功"这副重担，他曾经引用艾青《盼望》的名句"一个盼望出发，一个盼望到达！"，予以诗性的表述。

上海世博会闭幕近 5 年了，在绝大多数人的心目中，绚烂已然归于平淡。但是，滕俊杰先生却以《问道与表达》回溯追寻由平淡迈向绚烂的艰辛。这不仅是一部视听艺术的学术专著，也不仅是一部视听学的经典教材，它更是一部中国人追寻梦想、实现梦想的珍贵实录。

　　一如书名所示，本书正是滕俊杰先生"问道"历程的"表达"，是由"道"而"达"，由"表达"而"创建"的协奏曲，跌宕起伏，胜义纷陈。

　　比如，从哪里开始问"城市，让生活更美好！"之道？滕俊杰先生由 1933 年 8 月的《雅典宪章》开始"问道"之旅。《雅典宪章》明确指出："城市在精神和物质两方面都应该是保证个人的自由和集体的利益，对于从事于城市计划的工作者，人的需要和以人为出发点的价值衡量是一切建设工作的成功关键"。以此观照 2010 年上海世博会的命题"城市，让生活更美好！"，滕俊杰先生的思考是："初看起来，似乎一目了然，但深究其内涵，实难一言以蔽之。它对今天的城市来说，是一个'似是而非'的题目，更确切地说，它是一个问号。"而由此问得之道，或者本届世博会命题的真谛乃是："它肯定了城市形态，但并不赞美当下城市的许多方式；它给今天的城市留了个'及格'的分数，而把高分投给了未来。"

　　又比如，问道既得，如何"表达"？滕俊杰先生的取径是返回到中国传统，寻找多元、包容的表达真谛。语出《孟子·梁惠王下》的"独乐乐不如众乐乐"成了他的理念支柱，而具像节目的出发点则是当下，并由此贯通至"世界参与"的创意。这在中国以往最高级别的国际盛会上是少见的。这种创建性的表达就有效地避免了"本土即世界"，排除了隔绝狭隘的"自恋"情节，摆脱了骨子里的"保守主义"心态，完全与追求包容性、国际化的世博精神或基因相契合。表达的经典正是这样诞生的。

  我个人在拜读《问道与表达》的过程中，一直能愉悦地感受到创新—创造—创建的清晰进程。当下是高度提倡创新的时代。创新当然非常重要，但终究充满了尝试的气息。如何从创新到达起码阶段性的完成形态，也即创建，难道不是一个值得深思的大问题吗？而滕俊杰先生的艺术实践与理论思考是能够给我们重大提示的。

  正在阅读本书的时候，又传来两条与作者有关的好消息。

  一条是，2015年1月28日晚，一年一度的国际3D先进影像协会年度颁奖典礼在美国洛杉矶著名的华纳兄弟影视城举行，滕俊杰先生第一次跨界执导的3D京剧电影《霸王别姬》从全球193部参评的3D电影中脱颖而出，经640多位评委投票，荣获年度最佳音乐影片奖——"金·卢米埃尔奖"。这是中国电影首次获颁这一以世界电影发明人命名的主流奖项。无疑，这是滕俊杰先生又一次的问道—表达、创新—创建的重大成功，实在值得庆贺。

  另一条是，滕俊杰先生又受命担任2015年意大利米兰世博会中国馆和"上海周"演出的中国上海艺术团团长，看来，滕俊杰先生与世博会的缘分绵长，而他的问道—表达之旅，伴随着创新—创建的节奏，马上就要通向世界时尚之都了。

  我们怎么能够不充满期待呢？

2015年2月5日于上海
（作者为著名学者，复旦大学教授）

引言

　　如果要问：当今人类世界，规模最大的文明盛会是哪个？答案无疑是：每五年一度的综合性世界博览会。

　　这些年，因为参与中国 2010 年上海世博会的申办以及申办成功后的筹办、举办等工作，我先后踏上过英国伦敦第一届世博会旧址、塞纳河畔的法国巴黎世博会旧址，也造访过加拿大 1962 年温哥华世博会的遗址和外形酷似北京国家大剧院、建成于 1998 年的葡萄牙里斯本世博会主场馆。其间，还考察过自己曾参与工作了一段时间的 2005 年日本爱知世博会等，对世博会的前世今生，有着比较透彻的了解。

　　世博会这个以展示人类文明各个时期科学发明和理念的盛会，俨然已成为人类近现代社会的经典标志。

　　从 1851 年的伦敦开始，到 2010 年的上海，世博会经历了 159

年的历史，连"更高、更快、更远"口号叫得震天响的奥运会，也是从当初世博会中一些"活动"项目发展而来的。

据悉，当年那些办展的工作人员，为了打发空暇时间，也为了动动筋骨、练练体魄，还因为好胜心切、兴趣使然，便常常三五成群地在世博会附近的公园里、草坪上、马路边展开又跑又跳的捉对厮杀，"好事者"还执意要分出个高低，比出个输赢。从此，世博会办展过程中，衍生出了一个个余兴的体育比赛项目。渐渐地，"雪球"越滚越大，项目越来越多，还出现了比较完整的规则，奥运会雏形由此形成，并开始成为每届世博会中一项颇受欢迎的固定内容。几十年后，它日益发展、成熟，才从世博会中分离出来，独步天下。

世博会，这个又被称为"万国博览会"的庞然大物，159 年来，都带着浓浓的"西方血统"，其展期、展地几乎全部被西方发达国家所占据。

曾几何时，世博会也一次次如海市蜃楼般飘忽在包括梁启超的《新中国未来记》、吴趼人的《新石头记》、陆士谔的《新中国》等先辈的著作在内的许多中国人的思绪中，每当做起"强国梦"时，就会想起它。

而在 2010 年，世博会这个被誉为"地球之最"的人类盛会，又是如此实实在在、铺天盖地地出现在了我们的面前，它以暴风骤雨般的信息量、目不暇接的展览节奏和地球上平均人潮最汹涌的空间密度，让整整 184 天成为中外来客文明交融、倾情欢聚的节日，成为有序推进、完美收官的大国历练。它真切地印证了这样一句话：中国人，只要认真做一件事，就一定会做得最好！

作为参与其中的一员，多少天，我和同伴们为呈现规格、标准之最的盛大开幕式、闭幕式而激情满满地奔忙在世博园场馆内外，奔波在风雨烈日之中。我的头顶上始终响彻着"开幕式成功，世博会一半成功；闭幕式成功，世博会才算全部成功"的重托，脑子里想的尽是层层加码、层层递进的叠加思考。深夜里，自己会一次次从睡眠中惊醒，人常常处在"弹性"的动感之中。

如今，中国 2010 年上海世博会已像一阵轻风般地从黄浦江江面拂过，包括开闭幕式在内的一切都难以置信地圆圆满满结束了。

它恍如隔世之事，却又近得贴着脸颊。

此刻，我又一次想起了中国著名诗人艾青的一首诗：

一个海员说，

他最喜欢的是起锚所激起的那一片洁白的浪花；

一个海员说，

最使他高兴的是抛锚所发出的那一阵铁链的喧哗；

一个盼望出发，

一个盼望到达！*

简洁的字行，哲理的句咏，令我万般咀嚼：本届世博会的开幕式、闭幕式不也是这样吗？诗人写的不正是我、不正是我的团

---

* 注：艾青：《盼望》，《艾青诗歌全编》，人民文学出版社 2003 年版。

队吗？

　　天降大任——我和我的团队有幸直接"实施"了本届世博会正式"出发"时第一片"洁白浪花"的激起和最终成功"到达"时的"抛锚的喧哗"，我们在追逐梦想的艰难过程中，既注重清晰"问道"，又强化执着"表达"，将世博会历史上规模和影响力空前的开闭幕式倾情呈现、广为传播。而我和整个创作团队，在成就了世博会开闭幕式的同时，也成就了我们自己。

中国 2010 年上海世博会旗林广场

问道·一

命题深耕

道为何物？

此处之道，谓之方向。

问道，乃专注探索、认清方向也，包括命题、格局和形态。这是纲，纲举目张，事事明朗。

毫无疑问，做大型活动，做任何事情，充满激情是前提。但是，实践告诉我，要真正做成一件事，特别是要挑起世博会开闭幕式这样国家最高级别项目的担子，仅仅有充沛的感性激情还不够，还须具备清晰的理论素养、缜密的思辨能力，从而切实找准方向，全力创新。否则，差之毫厘，失之千里，犹如在荒郊野岭，将一支用热情和渴望铸就的箭，射向了不明方向的茫茫夜空——根本找不到北。而我们付出的所有努力，到头来只是在闲逛；我们付出的所有辛劳，到头来只收获一个字："累"，而且累得毫无价值。

由此，我深知总导演首先要严防自己的短视，严防成为"井底之蛙，不识海声"，严防"乡村维纳斯"效应。做到既只争朝夕抓紧时间，又不急火攻心、未想清楚就蛮干；既反对经验主义以不变应万变，也反对胡思乱想、花拳绣腿、不着边际。总之，有一种修炼是必备的，即以命题主张为圆点，以文化情怀为半径"划弧"，将项目的命题进行全方位、刨根问底的理性"深耕"。

所谓命题，即主题。

纵观世博会的"前世今生"，通常都有命题。中国 2010 年上海世博会的命题是：城市，让生活更美好！

所谓深耕，即："挖地三尺"，透过现象看本质，从而接近真理、表达真理。

对世博会开闭幕式这样重大项目的命题深耕，就是要善于倾注时间，由表及里、由此及彼地把世博会命题所聚焦的理念琢磨深、解析明、表达准，传递透；就是要精准把握命题的现实针对性和未来意义，准确驾驭命题的诉求走向。要做到这些，是不容易的。但是，无论追求真理多么"路漫漫其修远"，我们也必须像偷盗天火的普罗米修斯一样坚定、执着。否则，我们纵有一腔激情，也无法到达目的地，原因很简单：由于方向不明，或者方向选错，那么，一旦使的劲儿越大，离真正的目标就会越远。我作为总导演，不能不明这个理，不能思考不明就"跑步前进、做了再说"，这样会从一开始就出错，并将导致一错再错，最终耽误和亵渎这个伟大的项目。

当真切认知到"磨刀与砍柴"的关系后，我彻底改变了以往项目任务一到手，就迫不及待地"凑节目、堆明星"的惯用做法，而是先"回撤一步"，在命题深耕方面下足工夫。

根据参与整个上海世博会申办、筹办以来的经历、感悟，我采取的工作方法是：先梳理清楚本届世博会的诸多外部特征。与往届的世博会相比，中国2010年上海世博会既有相同之处，更有许多不同点，我系统地归纳成了六个"最"：

首先，本届世博会第一次提出了"城市"的最新命题，必将引起广泛的关注和共鸣。

第二，本届世博会最终打破了原有西方"一统天下"的格局，第一次来到发展中国家，来到中国上海，一定会给世界带来全新的期待和效应。

第三，本届世博会参与的国家、地区和国际组织数量已达历史之最。

在组委会规定的报名截止日之前，本届上海世博会就已经创下了前无古人的实际参展记录：240余个国家、地区和国际组织参展，其中还有多个跟中国尚未建立外交关系的国家。其数量大大超过其他任何国际盛会，也超过了历届世博会。

第四，本届世博会到场参观的人数将达到历届之最。

无论何种因素干扰，每届世博会的参观人数都是当年世界各项活动之最。本届世博会，由于东道主中国的精心准备，加上具体举办地上海的特殊吸引力，开幕前夕，组委会估计参观的人数将创下7000万的世博会历史之最。（最终结果也表明，本届世博会参观人数最终破天荒地突破了7300万，大大超过了原来的最高纪录，成为新的世界之最。）

第五，本届世博会的传播力度和广度累积起来将是最为强劲、广泛的。

作为重点的开闭幕式，海内外主流媒体的关注度是空前的，包括中国中央电视台、东方卫视以及各兄弟省市卫视都将共同直播，其规模、规格与2008年北京奥运会一样。

与此同时，境外、海外几十家主流电视台和有影响力的网站也将全程直播。另外，由于大多数国家和地区都在世博会整整半年时间里有它的"国家馆日"、"地区馆日"，加上一系列重要节点和重要事件的盛况登场，你中有我，我中有你的各类媒体交叉传播、连续传播，半年累计的传播总量超过任何一个国际盛会。

第六，本届世博会的双边、多边高层外交最密集。

在开闭幕式上，将有中国领导人和十多位国家元首、数千位各国部长出席，在半年的各个"国家馆日"时间里，世界上还将有很多国家的国王、总统、总理，或者大臣、部长，纷至沓来。世界博览会已然是中国公共外交的一个巨大平台。

上述之特点，构成了一个与往届"同"与"不同"的新一届世博会。

外部的特征找到了，内部的特征是什么呢？

问道在继续。

为此，我一头扎进书堆里，系统查阅了各种资料，并再次熟读了世博会史，以此强化本届世博会理念的研究、推导。我在重读1933年8月的《雅典宪章》时，其中的一些内容再次给我留下了深深的印象，例如："城市在精神和物质两方面都应该保证个人的自由和集体的利益，对于从事于城市计划的工作者，人的需要和以人为出发点的价值衡量是一切建设工作的成功关键。"我对包括1898年英国人霍华德提出的"田园城市理论"，1925年法国人柯布西耶提出的"光辉城市理论"，1985年前后美国人克劳福德提出的"步行城市理论"等等进行了逐一涉览。我还带着团队在准备时间已经非常短缺的情况下，花时间进行了新一轮的"长考"。我们聚在简陋的、用三合板围起来的空间里，召开了大大小小几十个会议。世博会开闭幕式总负责人，时任市委副书记殷一璀（现任市人大主任）多次深入一线、召开专题现场会，为我们的方案把脉，做出重要指示和支持。我们还数次听取了前后两任市委常委、市委宣传部长王仲伟（现任国务院副秘书长）和杨振武（现任《人民日报》社社长）以及副部长宋超、陈东、宗明等对我们工作的具体要求和热情鼓劲。具体负责此项目的时任上海世博局副局长、文新报业集团社长胡劲军则全力为我们创造了许多条件，为我们解决了诸多困难。此外，我们也去各大图书馆、博物馆寻"宝"和补课。我们还专门请教了两位世博文化顾问、上海图书馆馆长吴建中先生及复旦大学钱文忠教授，受益颇丰。在步履匆匆穿梭和时间流逝的盘桓中，我们渐渐获得了一种开阔、充实、明朗的心境。

放眼世博会159年不长不短的历程，我发现，伴随着人类智慧的提高、社会生活的变迁和发展，每一时期世博会的命题都在发生着变化。它从最早的技术关注，渐渐走向理念关注，又进一步走向对文明生存可持续发展的关注。总之，呈现出渐变、渐进的特征。

在世博会的早期，它的命题大多是讲述人类当时的发明创造，讲述工业革命的开发及成果。

到了20世纪七八十年代，世博会开始显现出环保"焦虑症"，关注的重点转向了对植物、动物及大自然的保护。

21世纪以来，特别是到了中国2010年上海世博会，第一次开始关注起当下人类最标志性的生存空间——城市，关注起人类本身的生存状态及未来走向，"城市"的优劣成了最新一届世博会的命题。为此，我专程请教了吴建中先生，他结合自己的研究成果，建议用三种颜色来区分世博会发展的三个阶段，即：用红色、绿色和蓝色。世博会的早期可定为以冶炼、机器发明为标志的红色；中期，世博会关注的重点是环境保护，绿色是基准色；而以2010年上海世博会为标志，开始了对人类日益依赖的世界城镇化趋势的关注，因此，可冠以蓝色，因为蓝色代表和谐、代表生命。我认为，这三个阶段、三种颜色的划分，十分形象，颇有哲理。它的递进，正是历经159年历史的世博会日益成熟的标志。

本届世博会的命题是见诸于大街小巷、各种媒体的八个大字："城市，让生活更美好！"

这个命题告诉我们：城市，已不再是简单的行政区域和商品集散地，而已是一种普遍的文明递进形态和生活递进方式。城市化意味着城市与乡村的社会及文化界限变得模糊，也意味着城市的生活方式和其文化影响成为了整个社会生活的主导力量。按照简·雅各布斯的说法："城市创造了全球75%的附加值，90%的创新成果。人类以城市的方式，创造了灿烂的文明。"*

这个命题还告诉我们：它初看起来，似乎一目了然，但深究其内涵，实难一言以蔽之。它对今天的城市来说，是一个"似是而非"的题目，更确切的说，它是一个问号。

为此，我们不敢丝毫轻率，紧紧咬住"城市"两字，将它置于全球化的大背景下进行"深耕"剖析：我们对"城"和"市"做了拆字解读；对全球每天有超过100个农耕村庄消亡的现代城市"加速度"现象进行了正反解析；对当下日益严重的"城市病"作了分类反思；对人类进入新世纪后理想城市的模式进行了聚焦、辨疑。

经过这轮"深耕"后我们发现，现代城市本应该是人类最具创造力、最具勇气和最具生命感的栖息地，但至少现在还没有达到这样的境界。就普遍而言，今天的城市，还远不能说美好，今天的大部分城市还问题多多：

---

* 注：引自《美国大城市的死与生》，作者：简·雅各布斯，加拿大籍。

（1）城市过度膨胀，整体规划滞后，缺少理念，缺少通达。

（2）资源低水平利用，环境污染和粗放性浪费严重；钢筋水泥挤压了大量绿色空间。

（3）贫富差距明显，"物质至上"导致各类矛盾不断。

（4）过高的商务成本稀释了高强度的付出，人才难觅，人才难留。

（5）缺少整体惠民的文化润泽，缺少以人为本的优雅。人与人之间关系冷漠，人际交往"大片留白"，最近的人常常有着"最远的距离"。

经过多轮由浅入深的长考、讨论，我们渐渐接近了本届世博会命题的真谛：它肯定了城市形态，但并不赞美当下城市的许多做法；它给今天的城市留了个"及格"的分数，而把高分投给了未来。因此，这一命题更多的是一种"愿景"，一种召唤，一种决心，它与人人有关，是人类未来城市化进程中必须思考的一道问答题，是国际社会急需携起手来、共同奋斗的一个目标。

由此，我们感受到了"城市，让生活更美好！"这一命题对当今中国和世界的重大价值，感受到了这一命题提出的紧迫性和必要性：一方面，城市的权力傲慢和移民偏见问题多多；另一方面，越来越多的人在继续涌入城市。据统计，中国到2010年城市化率已超过50%，城市常住人口超过了6.5亿，已经跨入了世界城市化国家行列。而当今世界上，已经有20亿人居住在城市。在未来20年里，世界上还将有30亿人进入城市。当世界上绝大多数人都进入城市后，今天已经显现出来的一系列城市问题将越发不可收拾。一个权威的计算数据告诉我们，现在世界上，城市占有整个地球的陆地面积仅是 2%，但是，城市的能耗和废弃物都已占到了世界总量的 75% 以上，这一城市正在出现的新的历史荒谬，让我着实惊出一身冷汗。

因此，包括中国在内的整个国际社会必须从今天起火速行动，对这一人类迫在眉睫的困境进行破题、全力携手研究和采取积极的措施。否则，我们居住的这颗地球，将因为不断的愚蠢行为而陷入绝境，整个人类都将绝种。这决不是危言耸听，钱文忠教授与我们讨论时，用大自然蜕变的多个案例和一连串数据的缜密逻辑分析，专业地阐述了这一观点。无疑，这就是本届世博会开闭幕式必须首先和重点要回答的关键性问题，只有这样切中要害的回应，世博会的开闭幕式才有"刀刻般的价值"；只有这样的文化解析和随之而来的艺术表达，才真正具有生命意义、未来意义。总而言之，世博会的开闭幕式，应该超越一般意义上的轰轰烈烈，也超越一般的文化、民族、宗教和意识形态，成为一种全新的、引领性的"中国主张"的深度张扬。这是我作为总导演不能含糊、必须担当的文化使命。

于是，一种由命题深耕带来的全新创作意向跃然纸上，它扭转了先前创作理念上的一些弯路，比如：在国家级盛大的开闭幕式晚会上，习惯以超越过往的"人海战术"进行铺天盖地、热火朝天的极度动态表达；习惯于一味"抖箱底"的张扬祖宗方式；习惯于一味强化自我、吹拉弹唱"独乐乐"的表现思维等。我明白，这样的做法尽管也有可取之处，用在其他场合效果也较好。但是，在本届世博会的开幕式、闭幕式晚会上，它不合适。因为它与本届世博会命题的期盼有些相反：未来理想的城市，恰恰不需要过于密集的"人海战术"，恰恰不需要大轰大嗡的"粗放式"热闹，恰恰不需要以农耕时代为主要标志的远古张扬，恰恰不需要排斥外来的唯我独尊。它要的是：疏密有致的空间感，信息快捷的便利感，包容和谐的互动感，创新有为的生命感。它追求的是创意、是生态、是文化、是情调——这就是本届世博会命题"城市，让生活更美好！"的核心诉求，也就是我执导本届世博会最大的两个项目——开幕式和闭幕式必须领会、必须艺术化表达的主旨内容。

那段时间，自己作为总导演，要么常常闭门谢客，关在房间里冥思苦想，长期引以为豪的一头乌发中第一次出现了根根白丝；要么主动寻找"对手"进行辩论，期盼越辩越明。我和团队在对命题的执着"深耕"中，将纷乱的头绪及需求理出了脉络，在许多人头脑中一味只有拼规模、拼经费的又一次兴奋过度的"热运转"冲动时，我们反其道而行之，渐入佳境地"冷思考"，理解到了"深度城市化"、"城市人性化"这一全新的层面，自觉警惕城市文化符号因文化内涵的"空壳效应"而变得苍白无力。总之，我们没有走偏路径，也没有掉入以往的俗套，而是用所有的努力叠加，辨清了命题的远方，找到了一些城市未来发展的"DNA"而不散，我和团队的意志进一步凝聚到了一起。

问道·二

格局谋略

我一直认为：在世博会的开闭幕式上，独乐乐，还是众乐乐？是需要解决的另一个重要问题。

我提醒自己：今天的中国举办世博会，一定是实力的使然。但是开闭幕式的表达，大可不必"唯我独乐，世界只做看客和陪衬"。要自信地放宽眼界，既看脚下，更看天下，主动改变套路，全新谋划，在精心做好"中国文章"的同时，突破性地做好"世界文章"。这是世博会开闭幕式有别于其他项目的又一要点，我须做这样的格局思考、谋这样的势。

我理解的势，绝不是简单意义上的"拼规模"。如果是形式上的"拼规模",论团队的能力、论中国今天的实力,完全做得到。而我在研读了《孙子兵法》第十三章后,对"势"的解读有了新的理解:它是格局,它是胸怀,它是一种战略布局和有效投入。正所谓:"善战者,求之于势。"

在世博会开闭幕式上谋这个"势",就是要突破原来固有的做法,花全新的力气,体现好东道主"命题在胸,携手天下,精心谋略,和而不同"的大气象。我从这个"势"中,悟到了今日中国必须具备的格局意识——有格局就有大局,有大局就有好的结局。

由此,我在开闭幕式的策划方案上,始终坚持强化"世界深度参与"这个理念。以前常认为,这种时候"自己玩"是理所当然、天经地义的。但是,我们"问道"后觉得:随着理念的深化,时代进程到今天,一味认定"本土即世界",一味的"独乐乐",除了是一种格局狭窄的"自恋"手笔之外,还有一种骨子里的"保守主义"倾向。世博会开闭幕式如果不讲究包容性,不讲究国际化,"世博"就将名不副实、大打折扣。目前的中国,正开始领跑世界,在这种态势下,是否有众多朋友、众多"追随者"一起跑,十分重要。由于东西方信息的严重不对称,由于"中国威胁论"的作祟,世界对中国的理解其实很不够,存在着种种曲解和误解。尤其是西方社会中的一部分人,更是对迅速崛起的中国不时加以污蔑、歪曲,甚至别有用心地"妖魔化"中国。在这样的阵阵鼓噪中,有不少国家对中国的发展很紧张,"有时你在掏钱,他也以为你是在掏枪",如此这般的舆论场,让日渐良好的中国形象变成了"玻璃状的易碎品"。颇有紧迫感地消弥这类误读，颇有针对性地瓦解这类别有用心的鼓噪，是中国的当务之急，我想，这也是中国全力申办世博会的用意之一。准确地运用本届世博会开闭幕式这一全球广泛、深度传播的平台，真实地表达今天中国和平崛起的理念，真诚地表达今天中国携手世界、和谐外交的度量，是国家的急需，是战略的急需。这种呈现，不是象征性地"装装门面"、"蜻蜓点水"，不是毫无创意、毫无章法的随心所欲，而是要做出泱泱气势，做出人文价值，做出浓浓情意，做出大国功力，体现出真正的大视野、大手笔、大格局，体现出真正的"势"。为了这样的"度势"，我提出了"用艺术方式表达中国主张；用全球元素展现天下归心"的谋"势"方略（这个"心"，当然是指"城市，让生活更美好！"之意）。并且，对世界的参与做了清晰的界定：世博会开幕式以专业、半专业的五大洲朋友为主；世博会闭幕式则彻底换思路，按照《孙子兵法》的说法，谓之"借势"，即全业余的"嘉年华"盛会——请亲历上海世博会的150多个国家馆、地区馆的馆长或参展代表参加。这种参加，绝不是姿态性地走过场，而是有创意、有主题、有规模、有品质、有交流。总之，艺术呈现一定是上品的、多元的、发自内心的、中外互动的。

　　用真诚欢迎五洲宾朋，包容、携手世界，在开闭幕式宝贵的时间段中，拿出相当的篇幅邀来五大洲与世博会命题因果有缘的艺术家、土著民、贫民窟的黑人朋友们，邀来全球的参展方共同参与，深层次互动，取得了超出预料的效果。事后回想起来，它本不是我们心血来潮之念，也不是剑走偏锋之举，实在是一种回归本源的方向性努力——让世博会成为真正的世界之盛会。只是我们做透、做大了，做出了质感，做出了快乐，做出了"势"！

闭幕式上，来自世界各国和地区展馆的馆长、参展代表们齐聚表演

问道·三

形态立体

这里的"形态"，特指2010上海世博会开闭幕式现场的呈现样式。

这里的关键词，是"立体"两字。这也是那段时间催促我抓紧思考并迅速做出"开闭幕式舞台美学风格"的一个坚定不移的答案，因为它直接影响到命题诠释和格局张力的最终表达。

坦诚地说，我以往做大型晚会导演时，有个习惯：常常仅盯着演出舞台的大地板进行结构布局，造成节目内容大多是平行变阵、平行展示。对如何有效地运用硕大舞台的空中以及地下，关注的不够、思考的不多。反思了这方面的不足，这次，我在竞标的报告中，执着地关注了这一问题。我明白，一个导演面对演出空间，是拘泥、习惯于平面思维、平面建构内容，还是敏感于表达内容的不同需求，常作非平面、多维度考量，这两者之间的差别是很大的，视觉效果也明显不同。前者，往往平铺直叙，易审美疲劳；后者，多视点变化、立体效应，更符合当代人的审美倾向（有些多纬度的创意和呈现，其本身就构成了精彩的节目亮点），可以给观众带来新颖的美感和连贯起来的思考。当然，后者的难度要大得多，风险系数也徒然上升。但是，挑战难度，克服风险，正是我和整个导演团队应有的自我实现和超越，否则，我们的存在毫无意义。在未来所剩无几的时间里，随着对命题、格局的方向性认可，紧接的聚焦点必然是如何创新、精彩地呈现了。这固然有具体节目的多角度策划创意和执行力来完成。但是，承载这些节目的整体舞台展示形态是必须先确定下来的，它对世博会开闭幕式最终是"平凡还是非凡"起着至关重要的作用。而且，由于时间日近，按照"舞台形态风格确立必须先行"的艺术规律，一切都已经迫在眉睫了。

尽管如此，我还是以慎重的态度，并不仅仅为了演出，而是从更宏观的角度出发，抓紧时间，将舞台形态的立体思考，纳入当今世界城市化发展的现状中再做一细细比照，力求找到未来城市学意义上更强有力的依据，力求将舞台上"形态立体"的艺术追求在吻合未来城市化节奏中，获得现实的验证，使本届世博会的开闭幕式更接地气、更有深层次的价值。

由于多年浸润在世博会的工作中，我们获得了关于城市的诸多数据。就今天遍布世界的城市而言，大数据、海量的信息告知我们：全球的大多数城市已经饱和或趋于饱和。除了进一步合理规划城市的疏散或扩容之外，城市还有其他路可走吗？还有新的空间潜力可挖吗？现代城市难道只有依赖平面发展才能获得生机吗？我们的专业不是城市规划设计，但思前想后，答案是清楚的。

基于城市、特别是世界上的中心城市往往资源最集中、信息最丰富、创新最活跃、就业机会最多、打拼最有可能成功，因此，尽管这些城市今天已经非常拥挤，但仍然有许多人，特别是刚刚毕业的大学生们，还是前赴后继涌入这些城市寻求发展，渴望收获。由此，一个传统城市日复一日、年复一年的负重，单靠"摊大饼"式的平面发展终将难以支撑、难以维持。事实上，我们的前辈、我们的同辈早已看到了这个问题，已经以他们的聪明才智向城市的地下和空中努力了。例如，闻名的莫斯科地铁系统、纽约的摩天建筑群等等（据我们掌握的专业依据，上海地表以下50米之内也是最佳可利用的地下空间）。只是目前世界上这样的举措，这样的认知，这样的创意设想还不够，已经有的也不尽完善。如何让城市地下和空中的开发更加科学、有序、完美？如何让城市的空中、地下空间连成更人性化的网？特别是到了今天互联网时代，城市人的生存方式、交流方式、工作方式和物流方式等等都发生了新的变化，一个既有形又无形的立体化城市正在被呼唤、被向往。而生逢其时的中国2010年上海世博会，其命题就是聚焦"城市"，其目标就是要"让生活更美好"，因此，我们悟出了一个道理：进一步规划、完善和强化城市现有的地下、地面、空中三维形态空间，是人类新一轮城市化发展进程中必须"先走一步"的战略前提。本次世博会开闭幕式如果敏锐地抓住这种趋势，并用艺术的方式表达、演绎这种趋势，在偌大的舞台上，打破以往从"平面到平面"的传统节目制作方法（也不满足于偶尔点缀一下"空中飞人"的手法），全方位地从命题的诉求、格局的表达以及艺术的美感和创新的引领出发，将舞台甚至全场的地下到地面再到空中的立体空间进行富有全新创意的多层面艺术布局、完美展示，这样的形态追求将超越以往的某种司空见惯和审美疲劳，更可以对本届世博会的命题做出理念上的延伸和示范，使开闭幕式晚会，真正具有文化的贡献。

　　当舞台空间的形态方向最终确定后，我和团队马不停蹄地开始了大量的论证工作。同时，虔诚地向专家和科技求教。我们坚定不移的追求是：地面、空中、地下"三个层面"全程"融合作战"，层层都要出彩，都要艺术化、高水准，来不得一丁点的动摇和松懈。就此，导演团队与舞美设计师、工程技术人员反反复复勘察了"不能动一揪土、也无法做任何空中结构变动"的开闭幕式现场。虽然限制多多，但是，"办法总比困难多"。我们在无数次爬上三十多米高的钢架屋顶俯瞰、琢磨时，从空中首先寻得了突破，创作了气势恢宏、由78人组成的空中主题造型表演和由770个硬体圆球组成的充满空间感、荡漾感和顺滑变幻的空中三维矩阵等（后文详述），以表达"气脉通连，隔行不断"的宇宙灵气往来、生命流动妙境，努力实践了美学大师宗白华先生所说的"不是一个单层的平

动感的空中三维矩阵表演之一——和平鸽

面的自然的再现，而是一个境界层深的创构"的论述。我们当时还犯难的是如何在直播现场让观众意想不到地欣赏到从地底下突然冒出的、富有冲击力又有艺术美感的若干个巨型装置。例如，如何从地下升起一个直径超过 6 米、由贝壳、花瓣优美地演变成一个巨型地球和一架世界首创的磁悬浮大型编钟等，林林总总费尽了我们的心思与周折。为了寻求不同凡响，我们还异想天开地谋划用航空动

开幕式上，空中造型表演与地面表演完美结合

力学上著名的"帕努克原理"来摇控十多个大型视觉符号在地下与
低空之间"飘进飘出"、优雅且富有节奏感地配合舞台表演。为了
这个"第一次"出现的项目天衣无缝地实现，导演团队和科研团队
在现场做了无数次试验。大家受到挫折不回头，受到打击不屈服。
许多骨干通宵达旦加班加点，我还因此在现场重重摔了一跤，受伤
住院九天。但是，为了表达对未来立体城市的向往，为了艺术构想
不致于搁浅，我们所有的艰辛都认了，所有的伤痛都无怨无悔。

　　有道是："不经历坎坷，就没有传奇的可能"。随着严谨认真又
争分夺秒的态度付出，世博会开闭幕式中用多种手段营造空间、组
织空间、创造空间的策划案一一形成。多项堪称第一的"立体演

绎"项目陆续在实验室和直播现场试验成功，它们"大中见小，小中见大，虚中有实，实中有虚，或藏或露，或浅或深"[*]，是"形态立体"理念的一次自觉探索和艺术实践，并为未来城市新一轮集约化、高品质发展的空间构架和规划，提供了一个有为的、有诚意的参考样本。

---

[*] 注：引自清沈复《浮生六记·闲情记趣》。

表达·一

创意发力

就文化项目而言，我的体会是：爱拼不一定行，智慧创意一定赢。

当问道已明、格局已清、形态已定之时，如何在具体的一个个节目构成中有品质、有视听欣赏价值地表达成了重中之重，至此，我自然而然地首先想到了两个字：创意。

我深知它的重要性：创意可以打赢一场战役，创意可以新兴一座城市，创意可以拯救一个企业，创意，也同样可以成就世博会开闭幕式。

但是，我也深知创意的艰难和面临失败的风险。没有足够的勇气和智慧，创意很可能会一事无成。这一点，我再一次从汉字的拆字解义中直接受到了启示：创意的"创"字，左边一个仓库的仓，右边是刀，不是一把刀，而是两把刀。真正的创意是否应该像祖先当初造字时就暗示我们的那样，从仓库里拿出两把"刀"，在创意的征程上披荆斩棘、勇往直前地去"杀开一条血路"，赢得成功呢？答案我认为"八九不离十"。

而综观世博会历史，其本身就是一个创意的代名词。有一句颇有影响的口号是：一切源于世博会。的确，人类近现代史上大多数的文明成果都是在世界博览会上或首创，或首推介绍、发扬光大的，从电灯、电话、电影、电视以及自行车、汽车、火车、飞机、航天器，还有我们平时吃的汉堡包、巧克力、冰淇淋等等，不胜枚举。真可谓：天下创造，云集世博！

所谓创意，我的理解是：人类创新精神在大脑中有效思维的产物，它是一种求新求变的灵感，是一种突发而至且妙趣无穷的想法，是对同一实践从不同方向进行的一种或多种思考，是超越并优于原有的一种递进、变化。

就具体节目而言，什么样的创意是成功的呢？我自有一个标准，即"融入了奇特、超常、周全的思维和呈现"，概括起来是四句话：

（1）大多数受众和媒体热议的有益话题；

（2）原创，或在前人肩膀上崭新的集成、提升；

（3）短期内同行难以复制（否则，只能说明自己想得不深、不透、不绝）；

（4）具有可操作性和安全性。

创意来自激情、格局和坚持

　　而要实现这种创意的成功，有诸多的条件构成，我把它归纳成三要素，并在团队包括后来的几所大学的讲课中做了多次表述，那就是：激情、格局、坚持。（我始终把格局看得很重，无论是宏观层面，还是具体创作层面。）

　　紧紧围绕本届世博会命题、格局、形态的召唤，紧紧瞄准走出"沼泽"而探得的清晰路径，我带着团队，在创意阶段做的第一件事，就是将原先拍拍脑袋都能想到的节目内容逐一排列出来，随后，直接打入"冷宫"：一想就能想到的东西常常司空见惯，因此，必须要放下。我们不能让随波逐流成为创作的主流，不能让克隆、模仿成为创作的方向，不能按习惯思维"炒冷饭"。我们要创造一套新的节目体系和模式，闯出一条属于上海世博会人文理念、独特的开闭幕式之路，在看似又一次的"重复"中一次次超越，并时有惊鸿一"跳"。总之，在坚韧的创意中赢得成功，是我们团队别无选择的沧桑正道。

为了这样的信念，我首先注重形成统领创意全过程的"总导演阐述"。

我认为，世博会开闭幕式是一个庞大的系统工程，作为一个总导演，在纷至沓来、千头万绪的工作中，率先及时准确地将自己节目创意的总体想法以"总导演阐述"的方式提炼出来，表达到位，是掂量其导演创意功力的试金石，是项目能否专业化、创造性完成的重要前提，总之，这是自己和团队创意走向的"魂"。

我的开幕式总导演阐述，归纳起来是四句话：

　　当代表达孜孜以求；

　　品质成为目标既定；

　　创意是成功唯一天梯；

　　情感的注视必须超越匆匆步履。

其中的关键词是：

　　当代；

　　品质；

　　创意；

　　情感。

我的闭幕式总导演阐述，归纳起来也是四句话：

多元文化当代表达；

创意为魂追求精妙；

真心互动感召天地；

深情告别留下永恒。

其中的关键词是：

多元；

创意；

互动；

深情。

很显然，在开闭幕式的"总导演阐述"中，有两个词是共有的，那就是"创意"。有了这样的核心表达，拉开架势的整个节目策划就有了"滚滚向前"的驱动主轴，有了清晰的风格密码。例如，关于开闭幕式"起跑线"的创意设定。

对本届世博会开闭幕式呈现的"起跑线"，即全篇的开场，我从一开始就认定它至关重要。我们为此作了围绕命题的详细研讨。根据以往的经验，这类节目，如果稍不注意，很容易在"起跑线"上往回看，并且会"回望"得很久远。而根据世博会的特征，根据中国 2010 年上海世博会的命题特点，我对世博会开闭幕式"起跑线"的设定非常明确：从今天出发，即两段"总导演阐述"第一句话中开宗明义的两个字——当代。

其实，我们对祖国的五千年文化是顶礼膜拜的。我们对孔孟儒学、老庄思想等都进行了认真的研修，我们在祖先仙风道骨的禅宗秘诀中寻找灵感，并把"大德若谷"及"有朋自远方来，不亦乐乎"等思想融入了创作理念中。

但是，在"起跑线"的具体设定上，我站在中国文化前世今生交汇的"门槛"上，望着古往今来的"风"，认定：上海世博会开幕式的"起跑线"只有两个字——当代。我们的双脚必须站在今天的起跑线上，以此为出发点向前迈进。因为，我们关注的是今天城市不太合理的"日新月异"，探讨的是如此众多的城市"应该给未来投下什么样的印记？"我们讲述的是"今天和未来的城市"，表达的是如何让地球上大多数人居住的城市有更美妙的可持续发展。这一切，在以农耕为主的中国古代文化中没有现成的答案。所以，我们没必要再去绕"远古"这个弯，就像发令枪响后的长跑，一定是往前冲，而不是选择往后跑，因为，目标只在前方。我们要在有限的开幕式时间里，直奔当代"城市"命题，一路向前，展现一个有责任意识、前瞻意识、国际意识的新兴大国今天的思想和风采。我们也要用这种表达方式，与国内其他的大型开幕式进行一次"差异化竞争"，呈现"各自精彩"。

当然，定下了"起跑线"之后，如何营造"起跑线"的气场就至关重要了，因为，气场营造到位，将表达出一种意境创意，展现出创作者对命题的建构方向，从而精准展示东道主的用意和定力。

无疑，中国仅仅用三十余年时间，就将经济总量追至全球第二，创造了世界奇迹，许多成就、许多内容值得自豪和骄傲。同时，国人期盼了百年、呼唤了百年的世界最大规模、对现代人类生活观念最具影响力的世博会终于"千里迢迢"来到了中国。在被方方面面认定为"重中之重"的开闭幕式上，东道主按自己多少年来的习俗，一味就热热闹闹地展示一把，理直气壮地炫耀一番，以体现今天的心情和实力，被不少人认为颇有必要、顺理成章。

但是，这恰恰是我纠结的。

我觉得，以前的那些做法如果说有存在理由的话，那么，到了今天上海世博会开闭幕式的舞台上，我们有必要进行重新审视和考量，并在这种审视和考量后自问：以往的一些做法一定是金科玉律、不能改变的吗？另一种审美表现方式没有了吗？意识告诉我，自己内心的这种纠结，归根结底是对气场把控的纠结，而对气场的纠结，是各种创作纠结的源头。

也许长期从事视听工作的缘故，这些年来，时时打动我的，不是中国人如潮涌动的群情兴奋，而是正在富裕起来的中国人开始显现出的一种新的仪容和自信，它渐已成为当代中国的新表情、新图谱，表现为真诚的眼神、从容的声音、担当的姿态、有为的创造。这是一种崭新的民族容颜、民族气场，我必须要发现它，聚焦它，放大它。而过往的一些"熟门熟路"的做法，应封存进记忆的"邮盘"。——我需要重探新路。

坚定地围绕"开始富裕起来的中国人崭新仪容和自信"这一思考，世博会开幕式首个创意冲动就从全场第一个节目的第一个音符开始了。

中国 2010 年上海世博会开幕式的开场是大胆的。它一反常态，摒弃了高亢的欢腾和喧闹，而是启用了 700 位女大学生，以净丽妍雅、平心静气、无伴奏哼鸣和清唱的方式，在一种独特的气场中出乎意料地清澈开场了。那种弥漫在现场巨大空间的典雅之感，那种绕梁而来、幽若深远的天籁之声，那种静谧中囊括众殊的阵势，那种悠扬中神定气闲的自信，荡漾出了天地之初洁净深邃之美，表达了中国哲学"不崇尚突变、喧闹，以从容、博雅力透纸背"的要义。它真力弥满、意韵深厚，犹如磁场，一上来就把全场来宾和观众笼罩在充满艺术美感的穹顶之下，温暖于心，辟展新境。电视直播镜头中，观众们看到了许多中外来宾会心领悟的神情，其中包括法国总统萨科齐夫人布吕尼在现场伊始就流露出的惊叹和赞赏神态。开幕式后，无数中外媒体和观众不吝赞美之词，几位在中国已工作多年的瑞士和加拿大的朋友也说，原先，他们是带着接受中国"热火朝天的惯有文化方式"的心理来现场的，但看了开场的情景以及整个节目后，他们说："太美妙、太不同一般了，一开场就被迷住了，它让我们感受到了今天中国的优雅和成熟，感受到了中国新的一种美。"

而闭幕式一开始，我则创意了由"上海海关大钟时光妙旅"转入典雅的"顶上移动世博园"的开场节目。

那是在世博会进程过半后的一天，我有机会再一次登上了中国馆 60 米的露天平台。在那儿，我放眼环顾世博园，感慨顿生：上海世博会终究要结束，那么多风格迥异、文化鲜明，曾经容纳过世界上最多参观人数的国家馆、地区馆，绝大部分终将被拆除，终将消失在未来的视线中。迎风而立的我突然心中空空，有些惆怅。蓦地，搅尽脑汁的我触景生情，萌发了"闭幕式上呈现一个完整的、流动的、等比例微缩的世博园，用艺术的、影像的方式永远留住它们"的创意冲动。

一旦想清楚了，说动就动。我们层层筛选，精心挑选了150多位中外模特儿，开始专门训练。导演赵蕾带领许逸俊、凌岑等编导与舞美部门和制作模型的专业团队日夜兼程，开始了对世博园所有展馆的摄影取样、尺寸丈量。随后，以每位模特儿的头饰配置为造型，精工细制了世博园里所有展馆的模型，在真实还原造型、色彩的同时，还刷上了特殊的涂料，使之在闭幕式现场光线变幻时发出独特的亮色。化妆造型总监徐家华则带着全组人员精心绘制、定制了典雅的全套模特儿造型和服饰。闭幕式的当晚，作为第一个节目，在中国三位男高音歌唱家魏松、戴玉强和莫华伦《致世博》的主题歌声中，150多位中外模特儿优雅地款款走来，在偌大的现场第一次完整展示了一个"流动世博园"的壮观场面，十分难得地把"全世界再一次聚集到了一起"。这对本届世博会的参与者是又一次的触动，它对曾经的参观者而言是又一次的感慨和回味，它既直接点题，又把"城市"命题中的"以人为本"、"人与环境"等主题作了浓缩而温馨的表达。另外，它把一届世博会所有的展馆艺术地展现在一个舞台上，并且向全世界电视、广播、网络全方位直播，既留下了中国2010年上海世博会美轮美奂的集体记忆，也创下了世博会159年历史上的又一个第一。

闭幕式上，三位男高音歌唱家魏松、莫华伦和戴玉强与 150 余位中外模特共同演绎《流动的世博园》

世博会开闭幕式的两个开场呈现，让时间和空间有了新的意境、新的意义。但是，这也具有一定的风险，因为在中国，如此重大的场合用这样的创意比较少见。但我们不言放弃地完善策划，不遗余力地推进、打磨。我认定它既有外在形式的唯美，又有内在张力的饱满，这也正是我们对先贤深邃思想潜心学习、领会得来的结果。中国古代哲学的上佳境界就是"静"，就是"柔"，就是以静制动、以柔克刚，它化解了我的气场纠结，形成了一种能够使人心悟的定力。

就世博会开幕式这样级别的国际盛会而言，对明星的邀请，其实是比较容易的。不过，假如有特定的创意需求和因果逻辑的唯一指向，事情就复杂了；假如留给彼此约定的时间又大大短于国际惯例，事情就会更复杂，难度就会更大。

我在世博会开幕式节目创意构成上，除了有中国著名的艺术家、歌手之外，还需要两位外国的世界级歌唱家。我认定的是日本国宝级艺术家谷村新司和意大利著名男高音安德烈·波切利。前者的"任务"是放歌一曲充满悠远意境和励志精神的《星》，后者则是在中国小朋友及世博会吉祥物"海宝"的陪伴、互动下，演唱他的代表作《今夜无人入眠》。之所以邀请他俩，我是经过反复斟酌、考量的。

在整体构思中，我几乎想遍了天下歌唱家，最终认定这两位是具有"不可替代"性的最佳人选，理由除了他们具有一流的艺术造诣之外，还有四个字：承上启下。因为，谷村新司是上一届世博会，即2005年日本爱知世博会的形象大使和主题歌的创作者、演唱者。而且，他为人正义、正直，对中国、对上海非常友好，竭尽全力奔波，在上海音乐学院还专门设立了一个培养年轻音乐人的工作室，倾注了许多心血。接到我的邀约后，谷村新司先生没有马上给我回复，他为难了，因为他在日本的巡演正如火如荼。但最终还是上海世博会的感召力大，三天后，谷村新司先生边调整巡演计划，边通过他的中方代表王俭中先生给我回信表示："非常感谢上海世博会的邀请，我绝不耽误上海世博会开幕式的演出。"

谷村新司正在演唱《星》

而邀请安德烈·波切利，除了国际公认的"重大场合男高音演唱更具典礼性"之外，还因为他是下一届世博会，即2015年意大利米兰世博会的形象大使，请他到来，这在整个创意构成中将是完整、完美的一笔。只是事情开始并不顺利，好在我学生时代曾经读过一本书《假如给我三天光明》，这本书既强烈地启发了我，也实实在在地帮了我大忙。

《假如给我三天光明》这本书讲的是美国一位盲人姑娘海伦·凯勒向往光明、向往感恩、向往参观世博会的动人故事。当然，这只是这位盲人姑娘，也就是这本书作者的殷殷期望。事实上，上帝最终并没有给她三天光明，哪怕一天都没有。但是，海伦·凯勒还是用双手去抚摸了1893年芝加哥世博会的大多数场馆，成为一段佳话。

岁月流逝，时间已经过去了好多年，但这个故事却始终依稀可辨地留在我的脑海里，挥之不去。

这次，中国2010年上海世博会来了，我有幸成为开幕式的总导演，我的信息库存一下子又被激活了。我想到了多年前看过的那本《假如给我三天光明》一书，也一下子想到了同样是盲人的波切利先生（我曾担任他在上海两次独唱音乐会的导演），我要设法让这位目前世界上炙手可热的歌唱家出现并放歌在上海世博会开幕式的舞台上，让他呼吸上海世博会清新的空气，触摸上海世博会的肌理，感受上海世博会暖暖的风。这样，既代表了世界演唱的最高水准，又圆了我学生时代萦绕的一个梦。此外，我还强烈地意识到，波切利还代表了一个特殊的群体——残疾人群体。在高速城市化的进程中，我们不能、也绝不应该遗忘这个特殊群体。波切利的到来和演唱，实在具有"城市，让生活更美好！"的多重意义。

只是具体联系波切利时，困难重重。原因依然是：时间太仓促。由于我们正式创意的启动较晚，联络到波切利时，从来不缺少世界关注度的他告诉我，其演出计划已经满满当当排到了两年以后，几乎不可能推翻一个个签订好的合同、临时掉头来上海。但是，听了上海世博会开幕式的完整创意介绍，波切利开始有点心动了，特别是听了我对海伦·凯勒及《假如给我三天光明》一书的故事转述后，波切利被感动了，以至于他自己出面，对原先已经安排好的演出计划，作了难度很大的紧急调整，还不动声色地自掏腰

与安德烈·波切利相会在上海

包，作了相应的赔偿。随后，他又出乎意料地发来正式邀请函，盛情相邀我带上电视摄制组，飞赴他的家乡——意大利托斯卡纳附近一个叫做比萨的家中采访、拍摄。我因开幕式日益临近，无法脱身，便派了导演组的马晨骋、王美意、张颖和摄像师曹若愚专程前往，摄制组在波切利出生的村庄及现在的家中对他进行了专访，带回了一部颇有质量的专题片《让世界看见你》。随后，波切利也不计较报酬多少，就按照我给出的时间表和具体要求，准时飞来了上海。在友人的搀扶下，他一遍遍走台；在中福会少年宫小朋友的一次次陪伴下认真排练。同处在世博会开幕式的舞台上，看着他一次次认真的试音、放歌，我又一次想起了其父亲在少年波切利突然双目失明、痛不欲生时说的一段话："孩子，坚强起来。你现在看不见世界了，但只要你努力，就能让全世界看见你。""让全世界看见你"由此成为波切利奋斗的动力。此次也一样，波切利在上海世博

与洛塞泰斯先生在一起

园内巡游、在开幕式上演唱以及与世博会吉祥物"海宝"亲密无间互动等美好形象，让全世界再次看到了他，看到了他对上海的友谊、对上海世博会的倾情投入，演出效果空前绝好。一本中学时期看过的小说，多年后竟起到了这样的独特效果，让我再次感到了文化之功效，人心之相通。这种以文化的眼光和逻辑前后拈连、巧妙相承的创意思考，一经提出就得到了方方面面的高度认可，国际展览局秘书长洛塞泰斯先生在策划会上听了我的专业介绍后说："这样的创意思考得很深、内容很好，以往从来没有过，是国际展览局

开幕式上，南非索韦托黑人合唱团的激情演唱，极富感染力

非常赞赏、非常期待的。"

　　与此同时，我们在另一条战线也"同时开打"。我说服众人，花了巨大的力气，与世博局活动部部长陈竹以及金涛、丁莉、演出公司的韦芝老师等一起反复研究、锲而不舍地联络，专门请来了南非索韦托黑人合唱团和大洋洲毛利族土著舞蹈团。这是我想表达的另一个情怀。在我记忆的档案中，曾刻下了南非著名的贫民窟索韦托深深的印记。它紧挨着南非最大的城市约翰内斯堡，是南非最大的贫民窟，也是目前世界上贫穷的象征之一。同时，它又是南非前总统纳尔逊·曼德拉和大主教图图的故乡。我受此吸引，曾于2002年初，在当地治安状况很差的情况下，由一起在约翰内斯堡制作"为中国喝彩"的节目主持人曹可凡悉心安排，在四名南非武装警察荷枪实弹的"专业"陪伴下，与刘文国副台长（此次世博会开闭幕式也得到了他的真诚帮助）一同，实地到访过索韦托。那时放眼望去，索韦托的凌乱、破旧自不必说，但是，路边黑人朋友又唱又跳、充满天性的场景，给我留下了深深浅浅的印象。这次，我们费尽周折请来了索韦托一支合唱团，这支合唱团曾多次获得过南非全国比赛的第一名，还夺得过世界合唱的大奖。（在参加完本届世博会开幕式一个月之后，这支合唱团又成为男足2010南非世界杯开幕式的主唱团队，再次技惊世界。）

　　而作为大洋洲的原住民，即我当年制作系列电视栏目《飞跃太平洋》时曾在当地采访并留下深刻印象的毛利族人，长期以来被现代文明当做了摆设，得不到公正的地位和待遇。世博会的开幕式致

开幕式上，毛利族演员的表演，充满生命的气息

力于"世界参与"，我觉得他们和南非的黑人朋友极具代表性，都是不能被遗忘的。在人类现代文明进程中，他们的祖先都成了西方现代化"第一桶金"乃至"无数桶金"的剥削对象，他们被杀戮、被驱赶、被剥夺、被贸易（如臭名昭著的黑奴贸易），他们至今生存在现代文明的边缘，成为一种"边缘居住者"，形成一种"边缘文化"。当今，我们口口声声高喊"爱护动物"、"爱护植物"，其实，我觉得，我们更应该关注、爱护的是自己的同类，他们跟我们

是平等的。在未来城市化的进程上，他们也将越来越多地先后进入城市生活，"城市，让生活更美好！"跟他们也息息相关，也需要他们共同的理解、参与和贡献。所以，真诚地邀请他们共享 2010 年上海世博会开幕盛会，让"边缘文化"有充分表达的机会，让"边缘文化"成为主流文化的一部分，是我的内心主张，也是我的创意坚持。它表达的是一种人性尊重，也表达着中国自立于世界民族之林，又和谐包容、携手共进的人文情感。而这两个演出团热情似火的现场排练和正式表演，也完全像我预料的那样：质朴奔放、卓然独特、富有神韵、无可替代。

开幕式一结束，中央领导同志当即在现场赞扬说："开幕式的节目很有中国特色、很有海派特色，请来五大洲朋友一起参与，这是我最想看到的，很好！"欧洲有家重要的通讯社在开幕式后发文说："中国第一次放弃了惯用的独自张扬的方式，第一次在通常被最看重的场合和时间里，拿出了相当珍贵的时段给了全世界，体现了今天中国人的一种成熟和自信，体现了理念上的一种突破。"

在世博会的闭幕式上，我的创意发力点则另转思路，大胆地把着眼点直接放在了每天"掌门"的世博园各个场馆的主人们身上。

按照闭幕式谋篇布局的思路，我们集中精力，彻夜研究，明确方案和时间节点，其中一个目标就是：在绝不影响展览工作的前提下，"就地取材"，将参展的 150 多个国家馆、地区馆的馆长或参展代表全部邀请来参与闭幕式（其中，多个与中国尚未建立外交关系的国家代表也被一起请来参与。事实上，被感染、被打动的他们成了最积极的参与者之一），在闭幕式的主舞台和大地板上进行壮观融合、色彩绚丽的欢乐互动和表演。这一创意乍一看很鼓舞人心，但真正"搞定"这么多馆长和代表绝非易事。导演组按外事要求层层打报告，特别是得到了上海世博局洪浩局长的鼎力支持，世博局办公室主任沈权日夜全方位帮助协调，最终全部落实到位。

这是个"形散神不散"的特殊节目，排练是必须的。一开始，众多馆长和参展代表充满热情、渴望参与。但是，由于绝大多数人没有基本的舞台经历，十分怯场。排练时，人也凑不齐，偶尔凑起来后也无法顺畅的表演——毕竟全是业余的。但是，我认定这是闭幕式的"主攻方向"之一，更是表达我们理念和创意的又一亮点。因此，面对全业余的"世界阵容"，我的内心兴奋无比：这么多国家和地区的

导演组正在为部分展馆的馆长"开小灶"排练

来宾，如此齐整地代表全世界的人群聚集一堂，实在是件可遇不可求的幸事，以后将很难再碰上如此集大成的机会了。务必珍惜，务必做出精彩。于是，导演组几乎全体出动，分段值班，以很大的耐心，花巨大的功夫，全天候等待，不辞辛劳指导排练，随叫随到。对个别胆怯、想打退堂鼓的外国朋友，我们更是主动交往，用联欢活动等方式，向他们阐述世博会"只展示，不竞争"的原则，打消了他们的顾虑。我们创新了针对性的教学方法和教材，对他们进行分层、分批、分片的训练，副总导演李建平、上海学生艺术团团长胡蕴琪以及姜羽飞、于俊等导演还多次主动上门单个辅导。为了进一步体现生动自然、和谐宽松与互动联欢的特质，首次打破常规，让他们"哗啦啦"的一大片从看台的嘉宾席上直接欢快而自由地走上、跳上主舞台。功夫不负有心人，最终，在闭幕式的盛大舞台上，在面向全世界的直播中，他们穿戴起自己民族最经典、最美丽的服装，不仅载歌载舞、唱自己语言的歌，更难得的是，在巴西馆馆长佩德罗·温德勒先生的领唱下，所有人还共同用中文，深情又声势浩大地演唱了一首中国歌曲《好一朵美丽的茉莉花》，此刻，全场感动了，全场沸腾了，它实现了我的又一个梦想：让世界上最多国家和地区的人（包括目前还没有与中国建交的国家代表），在同一时间、同一空间，共同用中文身心投入地演唱一首中国歌曲，并向全世界电视、广播、网络现场直播。我为这一原创又热力四射，未来也许难以克隆复制的"世界新纪录"热泪盈眶。在场的几位中央领导感动地说："这是真正的中国狂欢夜，这是真正的世博狂欢夜！"

闭幕式上，巴西馆馆长温德勒先生（中）正在用中文领唱《好一朵美丽的茉莉花》。

闭幕式上，参演者身着各色民族服饰，用中文欢快演唱中国歌曲《好一朵美丽的茉莉花》

中国与世界的"狂欢夜"

表达·二

艺术魅力

艺术创作是一个幸福的过程。

说它幸福，是因为它提供了美妙的创造可能，对成果的期待让人甘愿赴汤蹈火、前赴后继。

艺术创作又是一个痛苦的旅程。

说它痛苦，是因为它常常会碰到困难，常常会失败，是一种类似于期待"灵魂出窍"可又常常无果的精神苦旅。煎熬的过程令人费心费神，坐立不安。

而两者的关系，往往是后者在前，前者在后。导演只有经受得住痛苦，在煎熬中坚持艺术理想，坚持艺术至上，才有可能苦尽甘来，才有可能化腐朽为神奇，才有可能创造赏心悦目、创造艺境。

世博会的开闭幕式是个十分庞大的项目，如何不仅仅满足于某个局部出彩？如何实现费孝通先生所说的"各美其美，美人之美，美美与共，天下大同"？如何追求整体的唯美掌控、唯美表达？以上这些一直都是我苦苦以求的。

直面世博会开闭幕式这类节目，如果稍不注意，就会在表达上显出"命题诉求有余，美感不足；现场热情有余、艺术效果贫乏"之类的结果，还可能滑向"泛广场化"的大闹腾中。这对导演来说，其实也是工匠和艺术家的分水岭。

因此，我告诫自己：无论是今天的我们，还是我们的今天，时刻强调节目的艺术性是不能更改的红线。我们决不能把国家的盛宴做成"快餐"；不能把万众瞩目的重大项目做成观众随意换台的"摇控器"。我们必须依靠每个节目的艺术感和节奏感赢得现场来宾和电视、广播、网络的观众与听众的心。

从接受美学的角度来讲，听觉比视觉更早、更快被人感受。但是，以往做大型活动或电视节目时，却比较疏忽听觉感知而过分看重视觉画面。

这次，我决意要倒过来做：世博会开闭幕式的具体创意策划，首先从对音乐的追求开始，因为，我笃信一个美学观点："一切的艺术都趋向于音乐"。换言之，音乐不是边缘性的陪衬，而是"领导我们去把握世界生命万千形象里最深的节奏起伏"，是生活乃至生命在更高层面的精神实现。

录音棚内紧张的工作会议

　　我请来的第一位专家，即音乐总监，就是上海市从海外招聘回国的著名旅法作曲家、上海音乐学院院长许舒亚教授。我们找来谋划、参与节目的第一批高手，都是著名的中外音乐人，包括印青、张千一、唐建平、杨立青、赵光、安东、李堂、唐宁、孙红、王平久、甘世嘉等卓有成就的词曲家、作家、音乐人，随后又加入了美国的昆西·琼斯以及谭盾、朱海、陈念祖、陆晓星、陈锡云、马辛、马若云、季浩韦等。后来，美国著名电影录音师尼古拉斯也迅速加入了我们的原创团队，他的多部电影大片以及最新一部《功夫熊猫2》的音乐制作，使之跨入了世界级录音大师之列。

　　记得创意策划伊始，我和音乐总监许舒亚以及音乐执行总监孙

音乐制作，又是一个不眠之夜

红一起，连续多日攻关的第一个内容就是世博会主题歌的创作。

我们既有面上的发动，征集到多首原创作品。随后，又渐渐聚焦到公认的其中一首佳作，即由赵光作曲、刚刚崭露头角的"70后"甘世嘉作词的《致世博》。

两位创作者根据要求，紧紧"咬住"世博这一主题，在音乐和歌词上作了反复的推敲、打磨，有意识地融入了闻名遐迩的"丝绸之路"沿线中外民间音乐、东方新民乐以及当代音乐的韵味和旋律，使之动听大气、风貌鲜明又朗朗上口。为了确保传播效果，我们又紧盯录音棚工作的全过程，不放过任何一个环节（开闭幕式的其他音乐创作、制作也都如此）。

在精心打磨下，《致世博》一炮而红，除在开幕式上正式演出

2010 年 7 月 13 日在美国纽约中央公园举办大型音乐会，上演《致世博》等作品，大受欢迎。

外，我还把它带到了 2010 年 7 月 13 日的美国纽约中央公园音乐会上，由廖昌永、黄英及余隆先生指挥的上海交响乐团向三万多美国观众进行了成功献演。第二天，美国《纽约时报》专门刊出长文给予《致世博》以高度评价，称："作曲者赵光先生的《致世博》主题歌具有新浪漫主义风格，深受现场观众的喜爱，甚至可将作曲家比作中国的安德鲁·劳埃德·韦伯。"而由执行导演侯捷带领房志超等创作、拍摄由廖昌永、黄英、谭晶、孙楠演唱的《致世博》MV，还一举夺得了中宣部颁发的"五个一工程"奖。时至今日，我依然津津乐道《致世博》这首歌中具有的国家"一带一路"发展方略的诸多元素和特质，难能可贵，充满生命力。

在创作中文版世博主题歌的同时，打造一首英文版的世博主题歌工作，也马不停蹄地展开了。时任上海世博局副局长胡劲军首先热情出面，邀请曾写下《天下一家》等作品的美国音乐"教父"昆西·琼斯和在世界乐坛崛起的中国作曲家谭盾出马，共同创作一首英文版的上海世博会主题歌，两位欣然接受。这为我们导演组的后续工作打下了坚实的基础。

这样的创作组合在中国如此规模的盛会上是首次，两位的创作也非常投入、用心。只因为是第一次，没有先前可借鉴的经验，加上两位作曲家都是创作频繁、世界各地奔波不断的大忙人，又在传统、文化、生活环境等方面存在诸多不同，因此，确保两位作曲家的有效沟通、协调，成功实现这一合作，成了重要的工作目标。那段时间，我与居住在上海的谭盾先生时常见面，在他的延安中路工作室交流创作进程，听他弹奏音乐小样、介绍与昆西先生电话交流的情况。谭盾先生的专注、认真，他对上海世博会的理解和爱，让我感受颇深。有一阵子他远赴荷兰阿姆斯特丹指挥系列音乐会，我们就用国际电话保持密切联系，至今，当初的点点滴滴深切地留在了我的心中。2010年初，我率小分队专赴美国洛杉矶，在靳羽西女士的热情安排和陪同下，与同样热爱中国、关心上海世博会的昆西·琼斯先生进行了数小

在昆西·琼斯先生家中

时的融洽探讨。当时，他正在为自己的代表作《天下一家》发表 25
周年纪念活动而忙碌。我们的到访，让老人家喜出望外，他放下了手
上的其他工作，盛邀我们到位于比弗利山庄最高点的家中做客，共进
晚餐。当然，更多的时间是创作和方案修改的讨论。两天紧锣密鼓的
研讨拍定后，我为了上海现场的排练旋即回国，留在洛杉矶的世博导
演团队在时任上海电视台大型活动部副总监曲清的带领下，蹲点在洛
杉矶著名的西湖录音棚，共同参与了由昆西先生监棚录制、花了整整
一个通宵的歌曲制作。这个西湖录音棚可谓大名鼎鼎，昆西·琼斯先
生的许多代表作、包括不朽名曲《天下一家》等都在这里打造出炉。
芭芭拉·史翠珊、席琳·迪昂、小甜甜布兰妮等无数歌手均在这里录
制过唱片。迈克·杰克逊生前发行超过 7000 万张、创下全球发行量

之最的唱片《颤栗》也是从这里飞向全世界的。而《更美的城市，更美的生活》这首英文版的上海世博会主题歌，最终也在这里诞生。这是一段难得的东西方音乐合作的佳话，那充满西方音乐和东方旋律动感相糅合的编配手法，那时尚跳跃、趣意流趋的唱段，包括第一次在国际大师合作的作品中融入了世博会举办地上海的浓浓方言，又不失时机地被曲清导演制作成MV，迅速成为坊间及媒体的又一关注点和美谈。就这样，这首由昆西·琼斯和谭盾共同打造的英文版世博会主题歌与中文版的《致世博》一起相得益彰，以开幕式现场演唱和MV滚动播放的形式，张扬了歌曲的蕴涵和精神节奏，迅速流传了开来。

我深知：对艺术魅力的表达，既体现在创意中，也体现在执行力的管理中。我告诉导演团队：必须按照职业化的要求走好每步路，做好每件事——"走好每步路就是结果，做好每件事就是永远"。这两个"每"的直接指向，就是艺术感。为此，我将创意完成的节目在执行力上的质量体现奉为上尊，紧抓不放。我自认为有点"唯美主义"情结，只是对节目质量标准的具体切入角度有点别样，我在排练现场抓得最紧的是两点：节目的意境追求和舞台调度，包括上下场的"干净"（即不散、不乱，收放清晰，充满仪式性、观赏性）。为此，一些功底扎实的编导，做足案头准备，排练推进顺畅，效果很好。有些编导则一时无法达到要求，一次次被我退回去修改，背地里直呼"吃不消"，有的还哭了好几回。对此我并不姑息，也不心软，只是自己不做"甩手掌柜"，方法上也注意"对事不对人"，以"尊重人格，找准问题，指明方向，追求上

总导演召集全体演员做现场动员

每天排练结束后的现场小结会

导演正在激情洋溢地训练旗手队伍

佳"为十六字方针。因为，面对这种"最高规格"的演出，"练得多不一定不出错，但练得少一定出大错"。我在演职员全体会议上反复强调：体育场演出空间巨大，场中的演员和看台上的来宾距离很远，彼此看不清楚；我们世博会开闭幕式则完全不一样，场中的每一位演员和看台上的来宾只有十来步的距离，彼此看得清清楚楚。因此，我们要把每个节目当成作品、当做精品来排练。群体中的每位演员，既是表演的百分之一，又是表演的百分之一百——你的一举一动是否精准到位、你的情绪状态是否精准到位，都将迅速、直接地显现在众目睽睽之下，对节目的整体优化影响很大。所以，每位导演、每位演员都要明这个是非，认这个理，发自内心地追求"手之舞之，足之蹈之"的精益求精。

开幕式上有一个原创的复合型节目《江河情缘》，我从"大河

朗朗在开幕式上激情领奏

文明"这一视角出发，着看思考了节目的层次感和审美目标。我渴望世博会到达过的泰晤士河、塞纳河、多瑙河、北美五大湖等，穿越古今尘世，穿越千山万壑，连接起中国的母亲河、上海的母亲河长江，以表现一种因缘关联、辽阔壮美的"大河文明"的脉络衔接，也表达人类依水生长、"浪遏飞舟"的水崇拜情怀。这一节目云集了中外四大芭蕾舞团（上海芭蕾舞团、上海戏剧学院舞蹈学院芭蕾舞团、辽宁芭蕾舞团和美国旧金山芭蕾舞团）的谭元元、季萍萍、吴虎生、范晓枫等十三位世界金奖获得者和其他一百五十多位芭蕾舞演员。同时，有钢琴家朗朗的领奏和指挥家余隆率领的上海交响乐团的共同参演，堪称独一无二、阵容强大。

但是，要在短时间内云集这么多成绩斐然的艺术家、演员，创排出一个赏心悦目、规模宏大的钢琴协奏曲加大型芭蕾的艺术作品，创意很独特，实施的难度也不小。

芭蕾、钢琴、交响乐融汇成盛大的世博经典表演之一：《江河情缘》

旅美上海舞蹈家谭元元（美国旧金山芭蕾舞团首席演员）在表演中

常言道：成功是细节的表情，细节是成功的年轮。在这个"专属于上海特质的艺术品"中，我坚持对谁都不迁就，对世界金奖演员要求更严。有着共同艺术志向的两位编导，即来自北京军区战友歌舞团的艺术指导、本届世博会开幕式的舞蹈总监赵明和上海芭蕾舞团艺术总监辛丽丽，也特别执着和"较真"，他俩狠抓了组合群体技巧的整体刻画和高精尖动作的细节表达等环节。

那段时间，处于西郊的上海芭蕾舞团练功厅成了加班加点、"开小灶"补课的集中地，远在浦东的开幕式现场，则连续多日分段合成、精排到深夜，编导们殚精竭虑，演员们全心投入。

最终，我们成功且惊艳地展示了融超大型芭蕾、钢琴、交响乐和

导演组正与化妆造型总监一起研究演出服图纸

听取灯光总设计师的光影效果介绍

全神贯注工作的音响师们

多媒体等等为一体的世博经典，舒意自广、富有远神，堪称世界鲜见，中国之最。

　　如果说，演员们的艺术呈现是汗水浇灌出来的，那么，影调精美、意境迷人的满台立体灯光效果，则是由享誉业界的著名灯光总监沙晓岚以及他的专业团队耗费无数个不眠之夜"熬"出来的。我本人最享受的工作之一就是常常"陪"沙总监布光、对光到凌晨。开幕式上，留给全场和电视、网络观众深刻印象的七百少女开场，以及宋祖英与成龙的联袂演唱、《江河情缘》、《致世博》、谷村新司与波切利的节目等；闭幕式上，中国三大男高音与一百五十余位中外名模共同表演"流动世博园"，廖昌永、韦唯、韩红、刘德华等演唱时的光影处理和《为明天》的辉煌等等，充满美感和想象力，呈现出灯光艺术的创新和审美造型、刻划能力，受到业内外人士频频赞誉。巨型视频中的"荷花墨晕"、"银河水韵"、"跳动的非洲椰枣树"、"南太平洋光影"、"星空下的告别"等内容，按照多媒体视频的总体创意要求，视频总监宋瑜彻夜努力，带领上海电视台大型活动部、数码基地、北京锋尚世纪文化艺术有限公司的陆昱华、夏茵、王沛等多位年轻导演和电脑工程师们创造性工作，或以充满浪漫主义的梦幻效果，或以直逼心灵的视觉冲击力，赢得了物态天趣、新颖隽永的口碑。

意境典雅、浪漫多姿的开幕式现场一景

表达·三

情感张力

　　未来美好城市的最高境界是什么？这一直是萦绕我的一个问题。

　　若要说答案，原来有好几个。自从接手了世博会开闭幕式项目后，我做了比较充分的研析、思考，还专门研究了包括孔子的仁爱、道家的无为，以及墨子的兼爱等精神。思前想后，觉得第一答案还是三个和谐，即：人与自然的和谐，人与人的和谐，人与自己心灵的和谐。而当下的城市，与这三个"和谐"相差甚远，人与人之间的情感交流、交融有时比"挖一条运河还难"，它构成了"城市困惑"的一大痛点。从这一思考出发，我对节目"注入情感，走入心灵"的表达不遗余力。

在以往的大型节目制作中，除了抗震救灾、慈善主题之外，驾驭一个晚会，有时，更多的力气是花在如何让现场热热闹闹，如何天南海北找"大腕"上，而对人的情感关注不多，还常常认为"大型晚会首当其冲的是场面，是大牌明星，不太需要情感元素，即使有了，大场面上也难以体现，难有效果"。

其实不然！

这些年，我实践下来的深切体会是：如今重大晚会成功的标志之一，恰恰在于情感元素的发现、提炼和精准的现场运用上。这其实很契合"城市，让生活更美好！"的人文需求，因为，未来美好城市的精神标志，就是人与人的和谐、人助人的友爱、人为人的喝彩！

当然，从实践来看，用苦情、悲情元素创造晚会现场的情感点相对容易些，而在隆重、喜庆的国际级别的盛典上，创造出恰到好处、拨弄到人心情感最柔软部分的元素比较难，它必须符合以下要求：

　　　　让来宾视听明了，心怀暖意。

　　　　让来宾温馨动容，心存感慨。

　　　　让来宾喜极而泣，心涌波澜。

为此，我和团队一次次在"见物见人、见人更见情感"上绞尽脑汁，努力用真情实感创造舞台上的"情感饱和点"，以诠释本届世博会的命题，表达"和谐相助、大爱无疆"的人类情怀。

记得 2010 年春节前夕，我又一次接到通知：小年夜晚上 8 点，向中央领导、市领导汇报世博会开幕式的最新进展工作。几位好心的负责同志见到我后关心地说："加油，这次汇报如果顺利，还能过个安稳的春节，汇报如果通不过，这个年就甭过了。"我说："今年的春节我们早已置之度外，早已做了全日制加班的计划，大家都有这个觉悟和主动要求。但是，这次汇报我一定会想深、想细、想实，力争成功。"我把整个汇报做了精心的概括，实实在在地表述成几个情感点故事和对节目创新、建构的介绍。当我沉浸其中，汇报到一半时，主要领导同志忽然插话说："俊杰，你的介绍很感人。我在来的路上曾想过，这类节目怎么做？要打动我是蛮难的。现在，听了一半的内容，我就被打动了，不容易。"其他市领导也纷纷给了我肯定。我很感谢领导的激励，整个汇报很顺利，也更坚定了我汇报内容的核心：情感的注视必须超越匆匆步履。

在这样的坚定下，我们对"走心"的情感关注处处留意，已经由"无意识"变成了"有意识"，又从"有意识"变成了"下意识"、"潜意识"。

在距世博会正式开幕还有两周时，经过整个项目全体同仁的共同努力，所有节目终于全部展示成型，并正式通过了中央领导的终审，受到了好评。正当大家欣喜之际，我国青海玉树发生了强烈地震。直觉告诉我：这又是一场始料不及的灾难，但灾难中，文化恰恰是大爱的一个着力点，关注好、把握好、表达好，将是一种精神升华——升华成一种人类的终极关怀、终极文明。无疑，新的情况、新的元素已经突如其来，节目会有变，创意一刻不能停歇。

但是，当时导演团队的想法并不统一，集中的论点就是：如此大规模的节目已经成型并顺利通过了最高级别的审查，时间又迫在眉睫。因此，从保险稳妥出发，节目不能再变、不能再动了，变了还要再审，动了有可能乱套。

就我而言，一方面很能理解上述的心情，另一方面却越发觉得"变"的重要性和必要性："城市，让生活更美好！"的核心，是关注人，它的本质体现就是人类必须互相关爱、互相支撑，就是人类自发的抱团取暖、共渡难关。假如我们漠然，视而不见，轻易放过这样近在咫尺、最真切的情感共振点，就是对本届世博会命题认知的一种浅薄、一种亵渎，就是对命题深耕的一种偏离、一种瓦解，无论从认识论和方法论来讲，这种"错过"都是不可饶恕的。只是这类元素，北京奥运会开幕入场仪式上曾经用过一点，我们必须定心应变、用出新意。我第一时间了解到，这次地震是发生在我国藏族同胞集聚区的一次特殊的自然灾害，国家的救灾力度一定空前。我们一定要把重点聚焦在关爱藏族同胞身上，展现我们各族同胞之间血肉相连、血浓于水的情感，从而增加节目的生命厚度，向世界直接展现今天中国的真正作为，也回击世界上一些别有用心的曲解和污蔑，意义非同一般。

这样的想法，我在紧急会议上一一表述，得到了积极的回响，分管副总导演李燮智当即着手联络青海玉树灾区，时任上海电视台新闻中心主任袁雷给予了通力相助，要求正在前方灾区的新闻记者主动配合提供最新线索。与此同时，节目的构架也进行了新的调整。而且，在紧锣密鼓地操作时，我们并没有就事论事地将思考和创意仅仅停留于此，而是进一步深化内涵、扩充外延，在节目中再递进一个层次：向这些年来海内外所有遭受自然灾害的人们表达"心手相连，大爱无疆"的问候和关爱。

我们的想法和做法，迅速得到了中央以及组委会领导的高度认可和赞赏，主抓开闭幕式的时任上海市委副书记殷一璀直接给予了一系列的指导，并派专人打电话给青海方面，全力帮助导演组与玉树地震灾区政府迅速取得了联系。主动承担这个突发而至任务的开幕式执行导演侯捷，带领团队在前方瘫痪、情况不明且联络时断时续的现状下，在方方面面的支持、协助下，克服重重困难，用了两天时间，出色完成了在路途遥远的地震灾区寻找、落实节目中最终确定的两位藏族孤儿等一系列问题，并把他们顺利接到了上海。正在参与编导创作的中福会少年宫主任陈白桦考虑在前，提前安排了授课老师、专职医生和心理辅导员天天陪伴，悉心照料。看着两位渐渐熟悉起来的藏族孤儿，我内心觉得既要把节目做好，还必须为两个孩子的未来做点实事。于是，带头捐款并发起了导演团队全体人员向两位藏族孤儿进行"未来成长基金"的募捐活动，筹足了确保他俩读到大学毕业的全部经

导演组精心呵护两位藏族孤儿

费。我们又慎重委托上海市慈善基金会转交青海有关方面办理"落实、落细"的后续事宜，一切做得及时、专业、人性化，又不事声张。

在开幕式舞台表现上，依据新的创意，另一位副总导演李建平及编导赵亚玲、黄晓东等立即行动、重新研究，将原先以地球上三个不同肤色家庭为主角的概念，做了向"灾区失去家庭的孩子"为第二主角的新延伸。我们请来地球上三种肤色的三个家庭，他们是那样的普通，又是那样的非同一般，他们从陌生到熟悉，从天各一方到彼此亲近、和谐相处，生动地展现了第一主线。也巧妙地演绎了本届世博会 LOGO 的造型意韵。随着音乐的推进，舞台上又出现了两位刚刚在玉树大地震中失去父母的藏族孤儿——10 岁的江巴才仁和 11 岁的代青文毛，这时，画外音以中文、英文和法文简介着两位孤儿的近况和对他俩的欢迎，偌大的舞台上，五个孩子先与各自眼前的演员们交流互动，忽然，他们彼此发现，飞快地跑到了一起。孩子们自然的童真，给成年人的世界带来了冲击，孩子们浓情的相聚，深深地感染了全场。此时，以五个孩子为主角、中心的舞台上，已经从地下升起了由五片巨型的贝壳变幻成的美丽花瓣，又最终聚合成一个直径超过 6 米的巨大地球，匀速旋转。在这一巨型装置一系列高难度动作天衣无缝完成的同时，舞台中央气势恢弘地升腾起由 78 位演员伟岸相连、立体展示的一幅壮观图案。器宇轩昂的表演者们，时而在空中齐刷刷地展示着高难度的集体翻滚技巧，充满动感和风骨；时而又极富控制力地凝固，展现出神会目睹的雕塑美，又寓意了当下互联网时代的标志性特征，更表达了人类必须"求同存异、心手相连、团结协作，才能抗击各种灾难，成为地球真正主人"的"中国主张"。这是现场直播下舞台表演破纪录的第一次，内涵深刻，场面震撼，升华了主题，感动了无数的人。真所谓：人心互联，天地融合；手足情深，创造未来。

在时隔半年后的闭幕式上，我对被称为"小白菜"的世博会志愿者进行了真实还原的刻画，使他们不仅仅出场，更重要的是请出他们作为主角，放大节目容量，用原生态的行为，用真诚和快乐引

排练场上，已经成为好伙伴的五个小朋友

手足情深，创造未来

燃全场来宾发自内心的感动、互动。

为此，我们导演组从闭幕式筹备一开始，就在前后两任团市委副书记、世博局志愿者部部长邓小冬、夏科家，还有副部长胡倩立以及李泱泱等的热情帮助下，对"80后"、"90后"的"小白菜"们在100多天烈日高温、风雨交加中的艰辛，做了跟踪拍摄。这一大批在家还是娇生惯养的独生子女们，在世博会的一天天历练中，开始懂得了岗位、责任的重要，开始懂得了帮助别人就是自己积极的人生。他们在世博园里挥汗如雨、尽心尽责的故事比比皆是，无疑，这是"城市，让生活更美好！"的希望之所在。

期间，我们在林林总总的选择中，重点聚焦了多个场馆的"小白菜"们自动接力，迎送一批批双目失明的盲童参观世博园的真实事例。

那一天，导演组多路静候，尽可能不打搅"小白菜"们对又一批盲童的接待，只是忽远忽近地用摄像机悄悄记录前者为后者做的辅导、讲解，或在雨中分头打伞、接力护送、陪伴进出一座座展馆的情景。直到一天的活动将止，盲童们在世博园出口处即将与"小白菜"们告别时，几位盲童突然恳切地提出了一个要求：抚摸一下这些从不相识、今后或许也永远无法看清的"80后、90后"哥哥姐姐们的脸庞。一位十二岁的小盲童还执意要求哥哥姐姐们大声说话，他要寻着声音的方向拍几张照片带回家，让妈妈对着照片描述并重温这幸福的一天，珍藏对这些素不相识，又亲如家人的哥哥、姐姐的记忆。了解了原委后，已经奔忙了一天、汗流浃背的"小白菜"们纷纷蹲下身子，任由盲童们轻轻抚摸脸颊，有的"小

"小白菜"们在雨中接力、护送盲童小朋友参观世博园

世博园的一天结束了，小盲童深情地向志愿者姐姐告别

白菜"还流出了仍属于孩提时代的热泪。我觉得，他（她）们是可爱的，他（她）们是可信的，他（她）们将在这样的热泪中走向难能可贵的成熟，成长为国家的栋梁。

到了闭幕式那一天，舞台上，那些"小白菜们"在全场的关注、欢呼声中，又呵护着这批盲童孩子来到了现场。已经唱响了半年多的世博志愿者之歌《世界》再次响起，谭晶、杨澜、成龙、刘翔、李宁、林志玲、史依弘、茅善玉、钱惠丽、单亚萍等众多明星此刻都成了配角，他们飞步上前抱起盲童亲切相拥，并与台上台下3500名"80后"、"90后"的"小白菜"们一起再次唱起了《世界》。全场为之动容，欢呼声、掌声一浪高过一浪，而那位十二岁的盲童寻着歌声方向，在现场又"瞎拍"了一张舞台盛况的照片，尽管构图歪歪斜斜，但我觉得弥足珍贵，因为它蘸满了情感，是世界上唯一的、不可复制的。坐在主宾席上、时任香港特首的曾荫权先生边流热泪边对身旁的嘉宾说："我控制不住眼泪，真的好感动。"同样在主宾席上就坐的台湾地区亲民党主席宋楚瑜先生和他的太太，也热泪不止。

闭幕式的大结局"星空下的告别——为明天"，同样也是从情感出发，花足功夫的一章。我在夹江相望的浦东、浦西世博园穿梭中做过仔细观察，发现世博会刚开始时，来自世界各地的参展者彼此还非常陌生。随着时间的推移，这些五大洲的朋友们越来越感知了东道主的真诚用心，越来越认识中国、喜欢上海了。我在各种工作接触和多次专项活动中强烈地感受到了这一点，为此还抓拍了一系列的电视素材。

闭幕式舞台上，小盲童循声拍下了一张"合家欢"

　　半年的时间说长蛮长，说短也很短。随着闭幕的日子日益临近，我敏锐地感觉到，经过近半年的朝夕相处，世博园里依依不舍的离别情绪愈来愈浓，对中国的尊重，对上海的感谢处处可见。

　　于是，我想到了一个极易让人情感引燃、情绪涌动的词：告别。为了"接地气"，我决定迅速转换角度，从浓浓的告别之情出发，重新采访、拍摄素材。于是，派出资深导演包军英、夏辛、黄辉等不分白天黑夜融入在接近尾声的世博园区里，采集到了大量中外友人挥泪告别的内容素材，记录下了无数难以忘怀的相拥祝福、相约再见的真情画面，导演们自己也为此泪流不止。

　　至此，我感悟着"至远者，非天涯而人心；至久者，非物欲而真情"这句话，思考再三，专程赶到内蒙的鄂尔多斯，找到正在那

世博尾声，中外友人依依作别

里创作的挚友、著名词人朱海先生，请他暂停手中所有的活儿，度身定制一首《星空下的告别》歌词。旋即，又说动世博会开闭幕式音乐总监、上海音乐学院院长许舒亚先生亲自操刀谱曲。闭幕式上，随着世博园内中外朋友之间、外国朋友之间一幕幕难舍难分的场景在廖昌永和韦唯演唱的《星空下的告别》歌声中集束出现时，许多身处现场和观看广场大屏幕、在家看直播的人们都热泪盈眶，难以控制。当闭幕式最后一个节目《为明天》在著名的中国人民解放军总政歌舞团合唱团的层层颂咏下进入高潮时，现场再次沸腾了。一路热情付出、一路相伴上海世博会走来，并担任本次闭幕式主持的曹可凡、陈蓉、董卿和朱军都说："现场的情感很真、很浓，我们都被打动了。"节目进行中我还收到了多条短信，说闭幕式上一浪又一浪的真情流露像"催泪弹"，无法让人不动容。其中有一条来自世博园西片区值班人员的短信告诉我，正在坚守岗位值勤的民警们看了这一组组电视直播镜头后，八尺男儿也流泪了。我心中为之颤动，我深深地理解公安民警们，他们为184天的上海世博会付出了太多太多，无尽的血汗换来了最终的成功，千言万语的感慨，难以言表……想着想着，我摸摸自己的脸颊，也有了向下流淌的湿润。

歌唱家廖昌永和歌手韦唯正在倾情献唱《星空下的告别》

主持闭幕式的陈蓉、曹可凡、董卿、朱军（右起）四位节目主持人也在向观众作深情的告别

表达·四

科技神力

　　现代人类的发展过程，某种意义上讲，就是科学技术的发展过程。我觉得，如果不带偏见的话，在艺术发展层面，也是如此。

　　毫无疑问，艺术有它自身的规律和美学特点。同时，艺术对科技的需求，或曰，科技对艺术发展的支撑、提升，也是显而易见并不断被事实所证明的。无论是艺术的观念，还是材料、器械、表现方式和空间呈现，这些年来，都因为科技的介入而突飞猛进，从而带来了艺术自身魅力之外的新的、不竭的吸引力，赢得了生生不息的时代进步。正如19世纪法国作家福楼拜预言的那样："艺术越来越科学化，科学越来越艺术化，两者在山麓分手，有朝一日，将在山顶重逢。"

　　我曾对科技和艺术作过潜心的对比，发现究其原因，根本之处是科技和艺术都有一个共同点：崇尚创新。这两大门类都有很活跃的创新细胞，都有很鲜明的创新品格。

　　本届世博会又被称为"科技世博"，由此，我在开闭幕式的创意和制作中既"咬定艺术不放松"，同时，内心也一次次被科技召唤，灵感一次次被"科技"触发、向而往之。我甚至认为，欧美国家的许多文化项目之所以成功、品牌之所以有广泛的魅力，除了艺术本身的水准之外，科技的大量支撑是重要的原因。当今时代，没有科技含量的艺术，可以飞，但很有可能飞不高、飞不远。早在1780年美国就成立了艺术与科学学院（American Academy of Art and Science）。我们熟悉的美国电影奥斯卡金像奖评选主办方全称也叫"电影艺术和科学学院"。在欧洲，也有许多科学和艺术合在一起的科学院，而中国直到今天好像一家都没有。

　　但是，在2010年上海世博会开闭幕式这个特殊的"局部"，我觉得必须做个改变。我提醒自己：当前全球城市化加速到来之际，也一定是新一轮科技革命的前夜，对此，我们必须要有跨前一步的科技表达和引领意识，要有科学家们的好奇心，去探寻、去发现、去尝试。在整个世博会开闭幕式创意期间，全力实现艺术与科技突破性融合的创制目标。我要求整个团队一起树立"越是大型节目，越要向科技致敬"的观念，着力养成将艺术和科技连贯起来思考的习惯，提升新的视听生命力。为此，我们导演团队中还专设了科技顾问和科技研发总监。那段时间，我做节目的方式明显变了，常常带着导演们在多所大学、科研所转悠，多门类接触，兴趣浓厚地了解空气动力学、材料学、磁悬浮原理和机械传动原理等专业知识，再一次感知了科技对于艺术创作确实会带来实实在在的提升。我们与不少专家、教授还结下了深厚友谊，成了好朋友。

通常而言，大型晚会导演对地面表演的处理都会有多种丰富的手段，但是，往往对空间的处理缺乏足够的重视，也缺少办法，除了用几根钢丝"吊人"之外，似乎鲜有他招。

在本届世博会的开闭幕式上，面对世博文化中心空空荡荡的巨型天顶，起先，我也束手无策。但是，我们一刻也没有因此而停下脚步，因为"形态立体"的宗旨召唤我们必须寻求突破，我的耳边也一直回响着这样一句话："伟大的艺术就是处理环境，使它为灵魂（人）服务。"如何做好空间艺术处理？如何把这一硕大无比的天顶变成艺术表现难得的立体空间？我带着问题向科技求教，带领导演、制作人员认真请教了分管科教卫的时任市政府副秘书长翁铁慧（现任上海市副市长）、市科委主任寿子其等领导和专家，召开了数个研讨会、攻关会，获得了全方位的悉心帮助点拨。又多次往返于上海东华大学、中国科技大学及多家科技研究所。随后，在艺术创意与科技创意的双重作用下，结合超大型舞台空中表演的艺术要求，总面积、总数量、总变化率均达到世界第一的"小球矩阵"等多个富有高科技含量的项目最终浮出水面。

整个"小球矩阵"一共有 770 个直径 28 公分的硬塑小球组成，

由静静地吸附在三十米高空的 770 个精密小电机掌控。在计算机的数码编程下,"小球矩阵"会随着音乐表现出各种大面积的造型变化——海的波浪、英文字母、阿拉伯飞毯、和平鸽、世博中国馆、金字塔等等,原来令人一筹莫展的巨大天顶,竟成了演绎浪漫神奇、变幻莫测的不可多得的亮丽空间。

最初研发这个项目时,正值大年初三,负责该项目的来自上海高校的科技总监兼导演王美意与执行导演鲁国良以及导演盛开等已连续奋战多日,与中国科技大学的孔教授一起试验并做出了方案,当然,也碰到了难题,特别是对现实生活中司空见惯的"线"的攻关,伤透了脑筋。由于 770 个小球都需要有一根根细细的线牵引,最佳效果是尽可能让距离不远的嘉宾以及观众的肉眼无法察觉,难度陡然上升。

一开始,我对线的直径要求是两毫米,这一指标迅速实现了。但是现场一试验,770 根两毫米的线放在一起,还是十分扎眼的一大片,无法实现观众和摄像机镜头难以察觉的"隐身"效果,神秘感荡然无存。为此,科技总监王美意和执行导演鲁国良等毫不气馁,与研发"神舟飞船"系列航天服和降落伞的上海东华大学教授们继续反反复复地商量、攻关。一个月后,将牵引线从直径两毫米降到了一毫米。但我说还是不行,还要尽可能缩小直径。最后,一直降到了接近头发丝的 0.6 毫米,加之灯光的配合,现场嘉宾、观众和电视机前的朋友们已悄然不觉 770 根线与小球之间的牵引关系了。

虽然,我对线的直径满意了。但是,几乎到了纤细极限的每根

世界之最的"小球矩阵"在变幻中

牵引线的牢度、强度，又成了令我时常"出汗"的难题。如果小球在舞台空间大幅度上下起伏、快速变幻时，一个直径 28 厘米的硬塑料球突然断线掉下来，砸在演员头上，演员一定应声倒下，全球直播的开幕式现场，瞬间就会变成一个严重的事故现场，变成一个不可收拾的难堪场面。为此，我们又与中国科技大学的教授、技术员一起，以严谨的科学态度，对这批牵引线进行了长时间的抗强度、抗疲劳实验：把坚硬的塑料球悬吊至五层楼高度，重复进行了一万次上下运动的演练，我也再一次赶到位于安徽合肥的中国科技大学进行实地验收，在确保没有一次断线、坚韧无误之后，才确定

闭幕式前，正在测试 6 万多个 LED 灯组成的光立方效果

正式使用。

　　世博会开幕式当晚，"将平庸变成不平庸，将平凡变成非凡"的艺术与科技的交相辉映，把原先大而无当、黑乎乎、空洞洞的世博文化中心天顶，变成了可遇不可求的"香饽饽"。面积世界之最的"小球矩阵"气若浮云，"随心所欲"变幻的三维效果，时时扑进全场来宾的眉宇之间，成了现场最耀眼的"明星"之一。

　　到了世博会闭幕式，同样是这个场地，制作总监赵能祥带领胡亚楠、周青石导演等人精心攻关，将巨大的空间，用六万多个LED发光二极管进行了多层次、多色块、多亮度的造型设计，呈现出了"疑是银河落九天"的光立方效果，为大型晚会的空间艺术处理，再次提供了一个样板。

与开幕式筹备期相比，闭幕式的筹备期因为足足多出了数个月时间，因此，重点科研项目的试验周期有所宽裕，我对科技的迷恋也有了进一步的提升。有时晚上睡觉，突然灵感一来，顿觉头脑一阵豁然开朗，速速起床，落笔记住，生怕瞬间的意念迅疾转归寂灭。由此，艺术和科技美妙结合的力度得到了进一步的强化。例如闭幕式上由赵亚玲、黄豆豆等编舞的《多元·融合》节目，便是结合了导演组科技团队的数项高科技手段的又一成功案例。

细细想来，这一"灵光乍现"的源头，来自于我对世界上第一条商用磁悬浮高速列车，即上海浦东张江到国际机场磁悬浮列车的乘坐与琢磨。众所周知，本届世博会又有"科技世博"之称，它促使我强化现代科技与艺术精准结合、尽情展示的思考，有力践行"科技世博"之理念。但一开始，无论如何绞尽脑汁，就是找不到切入点，颇有"老虎吃天，无从下口"之感。2010年初，一次乘坐磁悬浮列车呼啸而行的感受给了我启发。我又在中国科技大学的实验室里，第一次看到了一个轻盈的磁悬浮地球仪，激活了灵感，以至于那段时间，在我脑海里打转的全是"磁、电、磁力线圈"等符号和名词。由于开幕式留给我们的创意、研发时间实在不够，因此，我要求先做试验，在世博园开馆仪式上将一把象征性的钥匙做成一个重量约 3 公斤的"轻量级"磁悬浮样品。导演团队和科研人员一起攻关，试验获得了成功。

随后，在半年后的世博会闭幕式到来之前，我们分别赶赴湖北编钟研究所、中国科技大学，开足马力，加大力度，放大规模，做起了中华音乐的图腾——距今 3000 多年的古老编钟和当代科技成果之一磁悬浮技术相结合的攻关。我的理想是让十座能奏响标准正鼓音和侧鼓音、每个重达 40 公斤的大型编钟悬浮于舞台中央，成为舞蹈家黄豆豆领衔的整个节目不可替代的中心点。依然记得，试验成功的那一刻，当看到一个大型的编钟整体的从地下上升到舞台

磁悬浮编钟终于在主舞台上试验成功

中央，每个重量超过 40 公斤、共十尊实体编钟稳稳悬浮于钟架下方 6 厘米时，导演们的内心都有一种神圣感：我们不是科学家，但是，为了艺术，我们废寝忘食地扎进了科学领域，结交了多位科学家朋友，研发出了这一最新的科研成果。科学技术告诉我，磁悬浮每增加 1 厘米，技术难度都将陡然加剧。目前，这个 6 厘米，已是一个全新的记录。而专业演奏员全身心投入的击打演奏、舞蹈家黄豆豆带领演员用巨大的丝绸穿过悬浮空间进行表演等一系列动作，让这一科技内容真正成了艺术驰情入幻的一部分，实现了将东方音乐图腾与现代高科技完美结合并直播天下的设想，成为世界首创。

在这同时，我和团队不罢休地继续寻找这个复合式节目的新"亮点"。其中，舞美总监丁力平首先想到了"单腿固定"这一典型的当代艺术造型，让我兴奋不已。但我立刻意识到这还远远不够，还必须在此基础上做出重大突破：舞台上不能一个人，更不能一动不动。我决定将表演人数大大扩容至 24 人，更重要的是，让前排 12 位弹奏琵琶的少女在万众瞩目的直播舞台上营造出时而行进、大范围变化队形，时而在运动中形成"单腿悬坐"、翘起"二郎腿"浪漫演奏的奇妙感。由于我这个"动静结合、回旋变化"的想法，节目科技研发的难度增加了数倍。我们尝试过"阴阳插槽"的金属鞋系列，但终因分量太重，女演员们实在无法轻松起舞而作罢；也挖空心思地试验了"磁铁"原理，又因为演员在通磁、断磁的反复训练过程中一直是被动方，内心因产生挥之不去的"提心吊胆"阴影而最终放弃。如此反复，让我再一次尝到了"创意是艰难的"滋味。当不少人觉得无路可走、只能中止这一项目，甚至有"这种创新纯属异想天开"的论调出现时，我紧锁眉头，决不松口。我知道，被误解，是创新者常会遇到的"宿命"，多次试验不成功，外界有看法，内部有泄气者，都是正常的，这就是"宿命"，但我的内心决不能"投降"。古话说："志行万里者，不中道而辍足。"著有中国第一部美学论文的先秦哲学家荀子也曾说过："不全不粹不足以谓之美。"世界公认的近现代最有创新力的科学家爱迪生曾为试验一种新的蓄电池，失败了2万多次，终获成功。我们的几次失败又算得了什么。我对自己下了"毒誓"——对艺术创新最负责任的做法就是"玩命"，坚决不停步，将创意思考坚持到最后一刻，

现场研究，寻找突破点

期待"顿悟"的出现，期待最佳方案浮出水面。

　　一周后，我在"神经病"般的冥思苦想和日常现实中，从常见的中跟皮鞋上获得"顿悟"——理想中的最佳方案终于诞生了，我真有一种柳暗花明、福至心灵的快乐感。这一科技攻关的成功，使整个"运动型隐形支架"的创意和呈现都成了名副其实的首创。再加上磁县浮大型编钟和空中优雅飞翔的20位少女，整个《多元·融合》节目形成了一个多层"悬空"、意象旷远的完整构思，

舞蹈家黄豆豆领衔的《多元·融合》节目一景

即：高空、半空、地面都有"悬空"主体，带来了"忽而回翔，忽而高耸"，动如云浪、静若"魔杖"的"不可思议"的现场效果，韵美而深有远致，充满了科技特性和艺术生命感，惊艳全场。后来，磁悬浮大型编钟获得了当年度的"世界吉尼斯"称号，"运动型隐形支架"也美名远扬，成了当时曝光度最高、被媒体和观众揣摩、竞猜最多的一个有益话题。随后，又被当年度的中央电视台春节联欢晚会以及中国海南博鳌国际首脑论坛开幕式恳请商借，一次次再度发扬光大，为春晚赢得了又一个高收视点，为博鳌论坛带来了新话题。

此外，我们还在现场一气呵成地实现了"多层次反转组合巨型地球"、"高精度巨型天梯"，首创了用空气动力学"帕努克原理"灵动遥控12个大型"水珠"任意从地下出没、漂浮于全舞台等创新设计，让盛大的全球直播现场一次次在科技的"神力"下，产生了既有清新之美，又有磅礴气韵的神奇效果，丰富了表演的艺术美感，丰富了观众的想象空间，我们也真正尝到了科技的甜头。

导演组正向教授、专家们请教科技研发项目

正在现场论证闭幕式舞台的大型装置

表达·五

环保助力

存在，决定意识。

如果让我现时现刻直观描述一下未来美好城市的第一向往，我一定会因为眼前城市的过分拥挤、过分钢筋水泥化的压抑而首先想到绿树成荫的理性布局；一定会想到"人与自然和谐"的环境保护、"低碳革命"。

凭着这份直觉，我们从命题深耕的主旨出发，自我加压力争在世博会的开闭幕式上全方位践行环保理念。整个行动，首先从开闭幕式的主视觉——舞美设计入手，开宗明义地孜孜以求、明确方向：既要按照现代人视觉需求营造景观，呈现舞台浪漫主义的生态美景变幻；又一切从环保要求出发设计图案、选择材料。

　　具体而言，我和舞美总监丁力平、制作总监赵能祥连续多日研究并讨论到深夜，制定了开幕式的舞台美术主视觉以郁郁葱葱的绿色植被为主，参天大树成为舞台主干，LED 大屏幕中的所有内容也浑然一体地衔接起大自然与城市彼此依赖的理想关系，以求疏密有致、相得益彰。循着这一思路，丁力平总监带领舞美设计小组创造性发挥，数易其稿，拿出了破除常规、颇有新意的开幕式舞美设计稿。其中，在舞台正中，设计了一棵参天大树，在节目的过程中，大树会在充满意境的声光电渲染下，由一棵忽然变成两棵，并且，还将在现场辉煌的音乐声中进行交叉换位，完成一次"大自然庄严的换景"。只是，这一方案与一个月后上映的好莱坞大片《阿凡达》在主视觉上"撞车"了，对此，我的心情是复杂的。首先，我有点窃喜：我们的舞台美术意识领先了，与美国好莱坞最新大片"英雄所见略同"了；但是，我也很冷静：尽管我们是在信息不可能互相传递的"背靠背"中进行设计创作，美学方面思考得也很妙。但是，《阿凡达》电影毕竟放映在前，占得几个月先机的它，一定会先实现市场的"通吃"。因此，我们再好的设计，也必须因这意料不到的"撞车"而忍痛割爱，我们必须"重砌炉灶"。

　　于是，舞美团队下决心从头再来。

　　为了换换脑子、理理思路，我带着团队先专程去了一趟上海城市环保的地标——位于长江出海口的崇明森林公园和东滩。我的同学、时任崇明县县长马乐生专程接待了我们一行，并围绕崇明良好的生态环境给我们导演组作了精心的介绍和行程安排。当时，已是

充满世博理念和设计感的开幕式主舞台

零下温度的寒冷气候，我们在一望无际的江芦摇曳中，感受自然的美；在天水一色间，感受清凛的风。我的耳畔，又油然响起了焦晃先生曾多次倾情朗诵的、著名诗人赵丽宏先生的代表作《江芦的咏叹》。回来后，我们又开始了挑灯夜战，舞美设计师的草稿打印了一叠又一叠，特别是主视觉的大型绿色植被做了全新的创意。而高清大屏幕也进一步设计成了前后错落型，破除了巨型平面的"死板"和单调。在追求形态立体的舞台上，又创意了拔地而起的巨型科技装置，凸显一个形态从五彩贝壳，到美丽花瓣，再到一气呵成变为一个匀速旋转的巨型地球的"魔幻"大动作。终于，导演组拿出了优于先前的设计方案，并且迅速被组委会拍板定稿。而这样的创作态度和风格也一直延续到了闭幕式。

除了舞美设计紧紧围绕着命题、绿色地球之外，在制作层面上，我们也紧紧咬住"环保"的理念，自立标准，自觉践行。其中有个大动作是：率先决定开闭幕式巨大舞台上的所有舞美背景、道具制作全部使用环保材料，全方位实现"环保制作零污染"。这样做，纯属自讨苦吃。但我们的想法高度一致：尽管没有人如此苛刻地要求我们，但世博会开闭幕式导演团队必须带头自觉执行，而且公开向社会承诺：绿色世博，环保世博，从我们做起！

经常操作大型晚会的导演都知道，当今舞台上的制景以及表演道具中，时常会用到一种材料：泡沫塑料。它分量轻盈，价格便宜，容易切割、便于制作成各种各式需要的造型，因此，使用量很大，许多舞美制作人员用起来也得心应手。但是，它有一个最大的问题，就是无法降解。换言之，任何一块泡沫塑料都将以"白色污染"的方式永远滞留在地球上。了解到这一点后，作为总导演的我难以入眠。我觉得本届世博会有一个非常重要的使命：城市环保。作为世博会中最大的节目，开闭幕式必须立即行动起来，以全环保的方式，带头"保护地球"，绝对不能再用泡沫塑料来制景、做道具了。对此，舞美制作团队一开始还不适应、不习惯，整个项目进度也慢了下来。然而我不为所动。我们骑驴找马，绝不等待，与多个科研单位反复讨论、攻关，一起合作，一起寻找合格的替代品。一段时间后，制作总监赵能祥带领道具制作的高手何企洪、曾勇等一起反复实践、摸索，找到了一系列的纸浆、木质等替代制作材料，加工方式也终于有了新的突破。在放弃"白色

后台整齐的道具仓库内，一切都是环保材料做成的

污染"的过程中，我们虽然多费了不少劲儿，施工周期也拖了数天，但是，在世博文化中心董事长钮卫平、总经理徐辉的鼎力支持下，在上海电视台舞美制作中心现场负责人刘小弟团队的倾力加班和世博局活动部徐嵩峰、陈元凯等同志的辛勤奔波下，整个舞美施工的进度迅速赶了上来。更重要的是，我们的内心变得十分踏实，我们第一次理直气壮地向中外媒体宣布：为了环保世博，导演团队在世博会开闭幕式大型晚会上彻底停止使用泡沫塑料，开发出了新型的可降解材料。这一发布独树一帜，成了媒体又一个关注点。此外，我们还在舞台灯光方面大做节能文章，想方设法找遍上海及周边地区，寻找到了新的光源和技术，置换了大量节能灯具，在确保开闭幕式多姿多彩、美轮美奂效果的前提下，节约总用电量45%以上，成为名副其实的"节能标兵"。

世博会闭幕式在搭台中

表达·六

预案倾力

　　我从事大型文化演出的导演工作已很长时间，有一个独特的经验，也可以说是教训，就是对预案的"习惯性重视"。它源于自己早年对一次节目制作现场"刻骨铭心的记忆"。

　　那是20年前的一个晚上，正值电视直播一台歌唱大赛的总决赛。当美妙的歌声在绚丽的舞美和灯光效果下进入高潮时，舞台上空一根电线在众目睽睽下突然冒出明火、迅速燃烧起来，而且越来越接近舞台上方的大片幕布，一旦串火燃着，后果不堪设想，节目导演急得跳了起来。正在舞台边同样着急的我，见此情景，一边用对讲机指挥正在直播的各台摄像机镜头尽力避开火苗，一边急速找来梯子，确保了灯光师能快捷爬上去扑灭明火。尽管此事最终有惊无险，没酿成大祸，但对我来说是一个巨大的刺激和警示：如果当时附近没有梯子，如果现场反应迟缓，火势迅速加大，如果……一切都难以想象。它让我明白了导演在从事艺术创作的同时，对整个过程和整个现场的安全管控、精细管理是何等的重要。从绝对意义上说，安全是通向成功最近的一条路。安全永远是"1"，有了这个"1"，后面精彩、成功、难忘的"0"越多越好，越多越有价值。反之，如果没有这个"1"，后面的"0"再多，也等于是"0"。这些年来，随着国家及各大城市的强势发展，各类重大政治、外交项目日益涌现，好事、喜事连连，由此带来的各类文化、体育庆典活动越来越多，来宾的规格越来越高，创意的呈现越来越新颖，手法也越来越复杂。如何把好事办好？如何严防各类现场的事故差错？一句话，如何确保方方面面的安全，是我作为总导演，即节目第一负责人的首要职责。推而广之，包括平时所有平民百姓参与的节目制作，确保安全、严防乐极生悲的要求是完全一样的，因为，百姓的生命安危同样重要，同样价值连城。不幸的是，这类事件在中国、在外国时有发生，触目惊心，这个行业也自然而然成为了安全工作的"高危区"。所以，在我的脑子里，常常不把总导演当作至尊荣耀，而是当作天大责任的代名词。当有人说你这个总导演又成功了，好评如潮时，我却常有这样的闪念："是的，现在是成功了，假如失败了呢？"事实上，失败的可能性时时存在，各种因素造成的险象环生时时存在。成功不是一个人的，但是，一旦失败，我必

部分主创人员一起研究预案细节

将承担第一责任。当然，个人已无足轻重，城市的脸丢大了，国家的脸丢大了，这绝对是我最不愿看到的。

为了必须担当的责任，我做节目，坚守着"对荣誉要举重若轻，对安全要举轻若重"的信条，无论规模大小，都把安全习惯性地放在至高无上的地位，以"纵向到底，横向到边"的强制力，对安全工作不留死角地抓好"三落实"，即：落实法务合同，落实专人专岗，落实第一责任人。总之，兢兢业业抓好安全工作，成了我完成每次任务的思维底线。为了这条底线的安稳，我格外重视一个环节——做好预案！

从内因来讲，做好预案，是真正想当一个称职导演的人必须的自觉追求。世博会期间，自始至终给予我们导演组巨大信任和支持的韩正书记（时任世博会组委会副主任、上海市市长）就对我多次指示说："做预案，就是做放心，就是做成功，就是做未来。"事实的确如此，预案意识，说到底就是一种责任意识，一种危机意识，一种唯物主义意识。世间万物，故障可能永远存在，失误也不可怕，怕只怕负责解决这些故障和失误的人"集体无意识、无预案"。或者有预案，但没有认真操练完善，使之成为更可怕的形式主义摆设，从而造成现场一旦出现问题时，没有实用的手段迅速做出有效控制。而做实、做好预案，就会"让一切不会因为一次故障的脱轨而造成比脱轨更严重的全线崩溃"。

在节目现场，我觉得做好预案，最起码有三重意义：

心理意义——自信心增强，行为举止更从容，是一个导演及团队成熟的重要标志。

创新意义——拓展了创意的范围和层面。例如一个大型机械表演装置，创意时的详细方案一定是先考虑自动控制，再推演、完善到万一自动控制出现故障时有手动控制能力，或可迅速还原归零，这些也都需要在创新中共同考量。

管控意义——是一种管理意识、执行力意识的强化聚焦，可提升团队全方位的科学态度和战斗力。

完善的预案，能花小钱办大事；完善的预案，能让现场化险为夷、苦尽甘来。

多年前，即2005年7月的一天，我曾带队在上海最南边的金山海滩制作《风·夏音乐季》盛典。那天晚上，上海最大的海滩将上演规模空前的时尚流行歌会，因此，从中午起，现场就云集了万余名观众，以年轻人居绝大多数。那天，天气格外闷热，到了下午三点钟左右，天气突变，海滩上空突然出现了大块乌云，随即，一道道蓝白相间的闪光撕开厚厚乌云，直刺而下，阵阵雷声中，疯狂的暴雨倾泻如注。此情此景，许多人口中喃喃自语道："完了，今天完了，要出大事了。"但是，被烈日"烤"了大半天的万余年轻人，一方面兴高采烈借雨消暑，另一方面也为了占得好位子，怎么动员都不愿离开海滩。作为现场节目的总负责人，谁都在看着我，谁都在问我：怎么办？看着令人恐怖的道道雷电，说我一点不担忧是假的，但是，除了向所有不愿离开海滩的年轻人迅疾发放雨衣、要求他们必须原地蹲下之外，我内心倒是比较安然、笃定的。因为，我根据炎炎夏日很有可能因天气闷热而引来强雷暴雨的判断，事先在海滩上做足了预案。其中，从中心到外围，顶真地安装了四根避雷针，又按照规定，再花一笔经费，请市质量监测权威机构对每根避雷针进行了专业的合格审定。我们还做足有心人，索要、保存了所有避雷针安装合格的证明书。因为有实实在在的科学预案，我的心里很坦然，一个多小时的一场雷暴雨过后，现场没有任何人受到伤害，晚上的节目照样盛况上演——一场危机被化解了。

如果说，我逐渐养成了"每逢大事有静气，每做节目有预案"的话，那么，到了中国2010年上海世博会的开闭幕式，我的预案意识更强，措施更精细了。

　　为了达到庄严承诺的"零差错"目的，在整体方案汇报通过之后，作为总导演，我就冷静地做起了以防不测的详细预案。我的目的很明确：宁可备而不用，也不能真正要用时没有。我为团队全体人员上预案课，要求节目和各种装置、设备负责人详尽报告各自的预案，确保人人"眼中有物，心中有谱，思考有序，处置有力"。法务总监蔺志强为此拟定了数百份专业文本，与所有的制作单位签订了有法律效应的《安全责任书》，还面对人员众多、环节众多、设备众多、变化众多的舞台特点，制定了人人必须遵守的《舞台安

为团队全体人员上预案课

全规则》。我甚至提出了"好人坏人一起防"的口号：好人防"一不小心"；坏人防"别有用心"。所谓一不小心，即无意当中踢断线路、踢翻插座等。所谓别有用心，即敌对势力的破坏。（这方面的警报其实不断。）特别是到了最后一周，我狠抓24小时重要岗位"双人双岗不间断"制度，严防死守。

再则，做足重要岗位、重要环节的备份工作，实打实地盯住细节、落实到位。

某种意义上说，我最关注的是大屏幕的全场安全播放，它一旦出现问题，是"性命交关"的。其他团队制作大型节目时，出现过这种没有先兆的"一团糟"故障，由于没有及时的备份手段，导演此时叫天天不应，叫地地不灵，焦虑、痛苦、耻辱的感受霎时涌来，就是地下有个洞钻进去也难以排解。

世博会开闭幕式现场也有一个长近50米的LED高清大屏幕，清晰度、色彩饱和度之好，让电影也"刮目相看"。但是，它最大的问题是不知何时会偶发故障：要么局部黑块、要么突然全线死机。正如德国哲学家马丁·海德格尔所说："技术在本质上是人靠自身力量控制不了的一种东西。一切都运转起来了，这恰恰是令人不得安宁的事。"为此，我们增加了服务器的数量，严格检查电路、显示屏等的质量，此外，还做足预案，特别是在LED大屏幕的上方隐蔽的预置了一个接近有效长度的大银幕，用多台大投影仪做好热运转的配套准备，如果LED万一出事，数秒钟内，备用大银幕就会迅速"自然"降下并启动，确保现场不断、不乱地继

开幕式前的细节检查

续进行演出和全球直播。世博组委会的多位负责人在现场分头检查时，都对这一预案给予好评，说："有这样的预案保障，可以放心了！"

凭我的经验，演出现场与大屏幕同样重要、甚至比大屏幕更容易出故障的另一个环节是声音。为了预防设备的突然"失声"，也为了防止随着各国首脑们的到来，现场可能会突然出现种种意外强电波的莫名干扰，导致现场的无线话筒全部失灵（2009 年 9 月 19 日我在上海江湾体育场制作三万人参加的"纪念《黄河大合唱》诞生70 周年"全球直播开始前十余分钟时，就碰到了被不明强电波干扰，致使所有无线话筒突然全部失效、成为"废物"，迅速靠预案中的全套备份有线话筒救场的惊险一幕），我们据此必备了全套有线设备，精心藏于开闭幕式舞台一隅，换言之，我们场场做到有线、无线话筒的双保险。

第三个易发故障的是一些关键的机械装置和精密度要求很高的表演环节。前者，在创意初期就一并考虑，尽力做到自动、人工操作双保险。后者，也同样需要人防、技防一起上。在闭幕式上，12位琵琶少女神奇使用的"运动型隐形支架"装置，效果极好。但是，在一次排练中，因为舞台上一个配套装置被一块小小的垃圾堵上，致使一位少女的表演彻底失败，现场狼狈不堪，真是"百密难免一疏"。这件事给了我深刻教训，也让我再一次体会到"只有注重每一个细节，才有可能成就完美"。从此以后，不管每次排练还是最后的正式演出之前，我都要求各个岗位的负责人带队，"拉网"式地对所有的舞台前后环节进行再检查，并严格实施逐级报告制度。我也不当看客，开场前所有的主要岗位都要走一遍、叮嘱一番。另外，作为每次的"功课"，我都会直接上舞台逐一检查透彻。因为我相信：世界上没有两片相同的叶子，但是，人有可能犯两次同样的错误，这就不可饶恕了。因此，我"包干"了那个配套装置的系列检查工作，最终，没有让失误再次发生。

在充分预案的保障下，台上的一切优雅呈现

除了以上几块内容之外，我还悉数"盯住"软件部分。我的口袋里，天天备了一份全套中英法文串联稿，还备了一份全套现场音乐的 CD 片，以防急用；场上的"特殊演员"也布置了特殊任务；为了防止指挥系统脱节，即关键时刻执行不畅、互相推诿，造成预案执行偏差，我一方面强调预案的实战演练，另一方面十分重视现场通讯设备的完善，并且明确："现场一旦有变，唯一的总口令是我，一切听我的，我承担法律责任，所有的人必须立即执行。"

扪心自问，我们的预案是比较完整、专业和到位的。但是，如此大的项目，中外协调事务之多，突发事件之急，还是超出了我的原先估计。好在现场的一套预案步骤已经成熟，各个方面协调能力和处置能力都有明显的提高，所以，真正现场直播时，当"遭遇战"发生，一启动预案程序，每每便化险为夷。

记得开幕式当天下午4点45分左右，核心部门的一个"深度报告"直接找到了我这个总导演。我一了解，事关重大，我马上在内部选择过硬的"预案"人选来完成这一十分艰难、但必须在规定时间内严格完成的重点任务。最终，导演小李郑重地领受任务，完成了这一"特殊使命"，传为佳话。

而在处理上述事件的同时，我脑子的另一半，又在担忧刚刚抵达上海的国际展览局主席兰峰先生的即兴中文讲话内容，生怕有误。因为我预先得知，兰峰先生十多年前曾出任过法国驻中国大使，会讲一些中文，但时过境迁，加上年事已高，他目前中文的表达能力不知能否顺畅、清晰？事实上，因为语气的重音，更因为句中换气的原因，兰峰主席的中文表述出现了"必须解决"的问题。但此刻我因大战在即，无论如何离不开即将开幕的现场，这让习惯于"眼见为实、耳听为实"的我万分心焦。感谢负责接待的世博局外事专家，帮我盯住这个问题不放，直到赶来开幕式现场的面包车上还在传授中文发音，请兰峰先生复习全句换气段落，直到彻底纠正为止。终于，兰峰主席的讲话如愿完成了。

犹如"手中有粮，心中不慌"一样，周全的预案，让我们一次次面对"突变"的问题应对自如，即使在最关键的全球直播中出现突如其来的考验时，也能胆大心细，遇事不慌。

记得，在世博会开幕式进行到约一半时，我们的耳机里正式传来了有关部门作出的"两分钟后临时增加内容，调整舞台上所有既定程序"的紧急通知，这是以往很少碰到过的情况，三楼指挥区的所有人全看着我，我这个总导演又一次被推上了风口浪尖。按常理，这么短的时间，这么大的调整，现场一定会乱。但是，现实已不容我更多地考虑，我只是想了想各环节的预案布置，快速了解了原委以及最新的要求，定了定神，便开始了自己职业生涯中惊心动魄的一次大调整。时间在飞快的过去，我紧紧抓住几大步骤：迅速与操作音控台的音响总监陈锡云等嘱托好改变方案，与主持人曹可凡、董卿以及英语、法语主持人何健、台学青作了"世界上最快捷"的沟通和交待，负责全场字幕的焦焦和陶陶两位年轻导演心有灵犀，一听明白我的要求后便将预案中的语言文体字幕做好了急速调整。我在各个部门之间快捷地穿梭，还电告在转播车上协调全球直播工作的王尔利导演，请他将耳机中听到的"一切"，再一次精准地转告给央视直播团队，得到了迅速回应和支持；我又请副总导演李建平用耳机镇定地通知所有演职人员听从我最新的口令行动，不必着急。这真是"一场没有硝烟的战斗"。但是，在我和团队的预案思路及娴熟的执行力配合下，最终从容打赢了这场突发的"战

紧急调整后的直播现场，纹丝不乱，一片欢腾

斗"：最新内容增加到位，台上一千五百名演员经过快速的、不露声色的大调整，呈现了纹丝不乱、层次清晰、质感美妙的表演场面和直播效果，根本看不出后台刚刚经历过一场大跌宕。一直站在我身后督战的领导们事后说："你们处惊不乱，调整神速、到位，真是一支能打大仗、为国争光的团队。"

由此，在开闭幕式两次盛大的现场制作、全球直播中，我们对可能出现的问题都做了比较充分的预测、预判和预案，整个过程真正做到了"防天、防地，防一万，防万一"，真正做到了"零差错"，这是让我至今自豪的。此时此刻，我由衷地想说一句：世博爱你有多深，预案代表我的心！

成功后的喜悦

后记

　　这本书，重点写的是自己和团队执导中国 2010 年上海世博会开幕式、闭幕式的理念思考、创意走向和执行力管理，它是我在世博会结束后的一篇演讲稿基础上撰写而来的。由于自己是整个事件的亲历者、见证者、操作者，因此，每当提起笔，上海世博会风起云涌的奋勉往事都会出现在眼前，故而笔随思绪，行文顺畅。

　　在写作、修订和完稿的过程中，我先后接受北京大学、中国传媒大学、复旦大学、上海交通大学、同济大学、上海音乐学院、上海戏剧学院、上海体育学院等高校邀请，做专题讲座。我认为这是上海世博会本身的魅力，加上富有挑战性和独特性的案例分析所致，因此，每次演讲都赢得了比较好的反响。

　　此后，受上海人民出版社之邀，动员我成书出版。我考虑再三，觉得沉淀至今，将自己对中国 2010 年上海世博会开闭幕式创作的"问道"和"表达"做一次全面梳理和总结，与读者分享，与同行交流，有一定的价值——承担世博会开闭幕式需要全神贯注地"问道与表达"，做任何其他文化项目包括电视节目又何尝不需要"问道与表达"？本书是一本偏向于专业类的书籍，或许不是畅销书，但也一定不速朽。感谢上海人民出版社王为松总编辑的专业关注和支持，感谢责任编辑曹杨先生和时润民先生的倾情付出。

这是一份关于承担国家重大艺术项目的创作底稿，里面有勇气、顿悟和坚持；也有困难、遗憾、不足。如今，这两方面的心得，都已了然于胸，成为财富，让我有了足够的底气去面对未来新的创作、新的挑战。

这又是一份关于承担国家重大艺术项目的管理文稿。

我始终觉得，一个重大文化项目的领军者，必须是娴熟掌握"三术"，即艺术、技术和算术（预算制定、预算控制、决算执行）的行家里手。

世博十年，特别是面对如此大规模的世博会开闭幕式，我与其说是在做节目，不如说是同步在做管理。正因为此，我时常不把自己当作纯粹的总导演，而是更把自己当做既操持创意，又掌控执行力的项目管理者。我认为，一个在此领域成长起来的总导演，决不仅仅只是一个艺术家，单纯的艺术家是做不成系统如此庞大、细节如此繁复的国家级超大型项目的。因此，以为这个层面上的总导演仅仅只会艺术创作，是某种误读、误解。这类项目中，挑战常规的要求无数，包括既要吃透命题精髓、悟透国家理念，又要善于艺术表达，确保视听效果俱佳；既要统领千军万马赢得成功，也要为尽力节约经费绞尽脑汁；既要敢用、善用科技手段，也要防止单纯迷恋技术而"美学缺氧"；既要为期盼的创意殚精竭虑，又要为所有执行过程中的细节执行、安全预案详尽谋划。这些，对总导演的管理和操作能力以及抗压能力，都是很大的考验。我庆幸自己有20多年电视生涯大风大浪的洗礼，对特大型国家项目有过多次成功实践；也庆幸多年前曾就读并毕业于复旦大学新闻和管理学院EMBA班，人力配置、成功学、统筹学、成本控制、风险应对、激励与惩罚、决策与担当等课程的系统研学，让我有了敢于直面复杂、直面管理的手段和统揽全局的底气。

总之，一个称职的总导演，除了具有价值观和创意能力之外，还必须是一个思路清晰、善于掌控、敢于担当的管理者。否则，一定会在焦虑症加恐惧症的双重心态压迫下一事无成、败下阵来。

以上这一切，都是自己想表达、想交流、想探讨的创作初衷。无论是经验，还是教训，都是自己走出迷津的切身实践和体会，都只是为了"让昨天告诉今天，让今天告诉未来"。

我在文中，时常提及到我的一流团队——以上海电视台（现已改名为上海广播电视台）团队为主，包括全体中外专家、合作者在内的同仁们。文中所提的不少创意内容，是团队同仁们的共同智慧所致；许多创意的执行，都倾注了各位同仁的无数心血，这是如此重大的国家项目创新突破并"零差错"成功的重要保证。清晰记得，2010年11月27日在北京人民大会堂，党中央、国务院授予我们这个团队"上海世博会先进集体"的荣誉；中华全国总工会授予我们这个团队"全国五一劳动奖状"。各位有充分的理由为之自豪、享受殊荣，我深深地感谢你们！

曾记得，在正式领受世博会开闭幕式导演任务之初，社会上以及团队内部还有一些疑虑：

以上海电视台的团队为主可行吗？

没有惯用的大场面团体操、人墙翻牌表演可行吗？

没有原先告知的充足时间、充足经费可行吗？

一连串的问号，似当头棒喝，却也进一步激将了我：百年一遇的契机来了，必须走出一条新路，我们上海电视台团队一定行！况且，我绝不闭关自守，在主打"上海牌"时，还频出"中华牌"、"世界牌"，一批海内外卓有成就的专家和艺术家已近悦远来、迅速聚拢——我们既定的是面向人心的发展理念，靠的是"意料之外、情理之中"的创意突破，出的是一套"组合拳"。

还记得一段源自于北京的"被激将"：

在一次重要会议的间隙，有关部门的一位负责人对我说：从20世纪90年代开始，中国电视人承担了几乎所有国家重大演出项目的创制任务，贡献多，影响大。但是，这些年似乎有点变了——2008年北京奥运会开闭幕式，2009年国庆60周年天安门阅兵及当晚天安门广场大联欢，人民大会堂的大型史诗表演《复兴之路》，还有紧随上海世博之后的广州亚运会开闭幕式，包括中央电视台在内的中国电视人虽然都一次次参与了竞标，但最终都没有成功，主要夺标者、主创者都是电视人之外的别人。只有这次上海世博会开闭幕式是你们电视人中标的，你们必须加油，为中国的电视人争气！

那时，我默默地听着，一声没吭，内心却"汹涌"无比。此时，我已经无意辨别此番话是谴将还是激将，也无意单纯去品味电视人的所谓尊严，这都狭隘了。只是，它像股狂风，在我的背后猛推了一把，让我坐不住：作为中国电视人，必须站出来，迎风击浪，直面竞争。有智慧，才有机会；有作为，才有地位。此役重大，没有从头再来一说，一定要在逆风而行的勇气和决绝般的担当与坚守中"变不可能为可能"，将串串问号拉直为世博会历史上辉煌的感叹号。回到上海后，我在导演组会议上直言告诉大家："人的一生，是要做几件大事的。现在，大事来了，上海电视人最辉煌的时刻来了，各位自愿积极报名，又经国家挑选聚集到了一起。这样的大事一生中碰不到几回。要完成大事，必须具备卧薪尝胆之勇，破釜沉舟之心。穷尽一切，努力创作，不为噱头，只为情怀。只要大家用心了，尽力了，一旦成功，我们一起分享。万一出了差错、出了问题，我总导演负全责，同大家没关系，各位尽可以放下精神包袱，轻装上阵。"说这些话时，我尽量表达得轻松些，但还是把一些在场的同仁说得含着眼泪表示要与我同甘共苦、分担重任。为此，我感慨万千！

此刻，我依然沉浸在世博会期间共同战斗的回忆中，油然想起了我们导演团队当时的工作宝典。即"四句话"：

完成靠自己；

完善靠朋友；

　　完美靠"敌人";

　　完胜靠团队。

　　在执行中,我又把这四句话浓缩为:"魂、神、针、根"。

　　所谓"完成靠自己",就是做导演,首先要充满激情、坚定自我创造。

　　就像著名的歌曲中唱的那样:"从来就没有什么救世主,……全靠我们自己!"导演工作也一样,必须"怀疑一切,眼见为实",必须事必躬亲、百分百地投入。按照《辞海》的解释:导演是对艺术创作负总责的人。因此,一定要挖空心思地发挥自己的创意能力,真正成为节目的"智慧集聚者、创意发动机",在各个环节设计中,出思路、出创意、出结构、出节奏,将"碎片化的灵感"组合、放大,从中拧出导演"智慧的汗水",准确地完成对命题的"破题"和与之相吻合的节目的全新创造。决不能祈求"天上掉馅饼",或只做简单的"拿来主义"者;决不能只当堆砌现成节目的工匠,或只会忙于战术层面整整动作、排排队形。总之,导演应该既是"解构"的能人,更是"建构"的高手。这是导演的"魂"之所在,这就是"完成靠自己"。

　　当然,仅仅"完成"是不够的。

　　所谓"完善靠朋友",很显然,这个朋友绝不是"酒肉朋友",而是指那些有文化气度、有天下视野、有艺术品位、有传播考量的师长、学者、同行。靠这些"神交"的高朋挚友的智慧可以大大丰富我们、完善我们。当然,这个"朋友"还包括以优秀视听节目、优秀书籍为代表的一切文明成果。此外，还要关注一些普通人，甚至有肚量地关注一些曾经与自己意见相左的批评者，他们身上也时常蕴藏着智慧。

当然，这还不够。若要追求更高境界，追求真正完美的话，就要靠"敌人"了。

这个"敌人"当然是打引号的，它主要包括三个方面：

首先，就是竞争对手。必须时常想想：假如这个项目被另外一个高手团队中标了，他们会如何策划、如何呈现非凡的文化贡献？我们目前的创意内容已经超越了吗？已经不留遗憾了吗？这样的时时比照和逼问，犹如"针"一般时不时地刺痛着我们，不敢丝毫懈怠。

其次，这个"敌人"是指前进道路上的重大困难。人做任何事情，碰到一般的困难往往都能克服，而一些重大的、特殊的困难常常难以战胜，也因此往往难成大器。只有咬紧牙关，真正克服了常人难以克服的重大困难，才能真正凤凰涅槃，登上制高点。

再者，是自己内心深处的顽症——惰性。毫无疑问，人是有惰性的，只有战胜了自己内心的惰性，坚决克服"小富即安"、"见好就收"的想法，时时打破自己头顶上的"天花板"，时时追求"最后一公里"的突破，才有可能完美。

最后一句话，"根"一般的重要，那就是：完胜靠团队。

世博会开闭幕式是个集体性项目，尽管个人能力重要，但是，"一个人的执著叫努力，一群人的执著叫力量"。在世博会如此庞大的项目面前，任何个人的能力都是有限的，单打独斗无济于事，必须靠整个团队以及社会方方面面的共同执着才能圆梦！为此，我曾告诉每一位团队成员，包括层层筛选、慕名前来实习的大学生们："既然大家来到了世博会开闭幕式团队，那就是一种缘分，也是一种机遇、一场战斗。我们要惜缘，要抓住机会把仗打好。有人说'现在世界上，缺谁都不怕，地球照样转'，其实不然，我们这里缺了谁，战斗力一定会削弱。因此，团队的每一位成员都很重要，缺谁都不行。大家分工虽不同，都是主人翁，这是我们的信仰！而怀揣理想前来实习的大学生们，如果成功地经历了世博会开闭幕式全过程的话，一定不亚于半个硕士研究生的学业收获。"

也许，我们很难完整地达到"四句话"的境界，但是，我和大家以"工作宝典"为镜，互相激励，努力践行，在无言中有形，在无言中沧桑，在必须高质量，必须节简又"零差错"的成功中，赢得海内外同行的尊重，赢得世界的尊重。我和团队就这样有点像走上战场一样，走上了世博会开闭幕式的现场。

此外，在这可贵的半年中，我们导演团队还同时完成了国家交与的一系列有关世博会的其他重要项目，如李燮智导演领衔的2010年5月1日上海世博会开园仪式和文艺演出；王磊卿导演领衔的2010年7月13日美国纽约中央公园"庆祝上海世博会"超大型音乐会；曲清导演领衔的2010年10月1日世博会"中国日"仪式和文艺演出；王尔利导演领衔的2010年10月30日国际展览局颁奖盛典；以及由陈琪（合作方）、马晨聘导演领衔的一日三场、连演550多场，被美国权威杂志《策展人》评为"上海世博园区最佳驻场演出剧目"的大型装置及多媒体表演《城市之窗》……

　　如今，世博团队中的主力——上海广播电视台的许多伙伴已是上海和多个国家级乃至国际级项目的一员员名副其实的主将，团队品牌，人才队伍已经形成。我甚感欣慰，这是上海世博会留下的宝贵财富之一。时至今日，因为工作原因，我们有时能相见，但也总因为各自工作繁忙之故，大家已经很难再凑齐聚在一起了。借此机会，向各位再次表达我的深深谢意！也对你们取得的新成就表示由衷的祝贺！而散落在天南海北、世界各地的创作骨干及团队朋友们，我也时时地想念你们，真切地感谢你们！

　　行笔至此，我发自内心地再一次向曾给予自己和我们这支团队巨大信任、支持的中国 2010 年上海世博会组委会、市委、市府、市委宣传部、世博局和上海广播电视台的各位领导们表达深深的敬意和衷心的感谢，你们的信任和支持，是如此的秉公无私、如此的不可或缺、如此的雪中送炭、如此的刻骨铭心。我还要向共同战斗的世博局活动部全体同仁表示真诚的谢意；向世博局新闻部、志愿者部、安保部、国际部、办公室、世博文化中心等各个部门的同仁们以及中央电视台转播团队，向所有给予我支持的中外艺术家、演职员们，包括参与暖场表演和外场演出的各位主持人和朋友们，向众多的媒体记者们表达深深的敬意和感谢！

　　不当之处，敬请批评指正。

滕俊杰

2010 年 12 月初稿

2013 年 6 月第二稿

2015 年 3 月定稿于上海

中国 2010 年上海世博会部分国家馆馆长在世博文化中心前深情告别

（全书图片摄影：刘海发、刘佳嘉、水木等）

图书在版编目(CIP)数据

问道与表达/滕俊杰著.—上海:上海人民出版
社,2015
ISBN 978 - 7 - 208 - 12900 - 9

Ⅰ.①问… Ⅱ.①滕… Ⅲ.①博览会-开幕式-概况
-上海市②博览会-闭幕式-概况-上海市 Ⅳ.
①G245

中国版本图书馆 CIP 数据核字(2015)第 066041 号

责任编辑 曹 杨 时润民
封面装帧 汪 昊

问道与表达

滕俊杰 著

世 纪 出 版 集 团
上海人民出版社出版
(200001 上海福建中路 193 号 www.ewen.co)
世纪出版集团发行中心发行
常熟市新骅印刷有限公司印刷
开本 890×1240 1/32 印张 5.25 插页 2 字数 93,000
2015 年 11 月第 1 版 2015 年 11 月第 1 次印刷
ISBN 978 - 7 - 208 - 12900 - 9/G·1713
定价 48.00 元